2024

틴매경 TEST

한권으로 끝내기

SD에듀

㈜시대고시기획

매일경제신문에서 시행하는 틴매경TEST는 금융·경제 분야 검정을 위해 2012년부터 시작되었으며, 청소년의 금융·경제기초개념과 응용력 등 금융·경제의 실무기본역량을 측정하는 국내 유일한 '청소년 금융·경제 이해력 인증시험'입니다.

이에 출판문화를 선도하는 SD에듀에서는 청소년 여러분들이 틴매경TEST를 확실하게 대비할 수 있도록, 〈틴매경TEST 한권으로 끝내기〉 2024 개정판을 출간하게 되었습니다. 개정판의 특징은 다음과 같습니다.

❶ 기존 핵심이론과 예상문제에 기출 경제용어 및 개념을 더했습니다.

금융과 경제 분야 두 파트로 이론을 나누고 금융·경제에 대한 주요 개념을 파트별로 학습할 수 있도록 하였습니다. 학습한 내용은 함께 수록된 예상문제를 통해 복습하면서 개념에 더 쉽게 접근할 수 있도록 구성하였습니다. 틴매경 TEST에 출제되었던 경제용어와 개념에 대한 설명을 대폭 추가하였습니다.

❷ 최종모의고사 2회분을 통해 자신의 실력을 점검해볼 수 있습니다.

시험 전 실제 환경과 최대한 가깝게 문제를 풀어보면서 학습을 마무리할 수 있도록, 최종모의고사 2회분을 수록하였습니다. 문제풀이 뒤에는 상세한 해설을 통해 현재 자신이 보완해야 할 점이나 부족한 개념을 재확인하면서 시험을 확실히 대비할 수 있습니다.

본서가 틴매경TEST를 학습하는 여러분들에게 작은 도움이 되길 바라며, 마지막으로 단순히 합격을 위한 공부가 아니라, 학습을 하는 과정에서 여러분들의 평생 자산이 될 금융·경제에 대한 이해력이 높아지기를 소망합니다.

여러분들의 합격을 진심으로 기원합니다.

편저자 올림

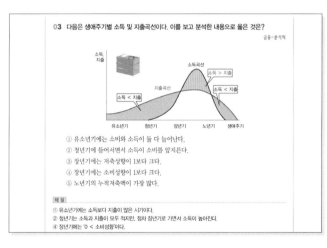

핵심이론

시험에 꼭 출제되는 금융과 경제 분야의 핵심이론만 수록하였습니다. 또한 추가적인 설명이 필요한 부분은 '더 알아보기'를 통해 내용을 보완하고, 기출문제에 등장한 금융 · 경제 핵심용어 설명을 더하였습니다.

예상문제

방금 학습한 내용을 바로 적용할 수 있는 기출동형의 예상문제를 통해 중요한 개념을 다시금 학습할 수 있습니다.

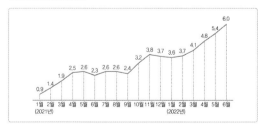

최종모의고사

실전처럼 시험시간에 맞춰서 최종마무리를 해볼 수 있도록 실제 시험과 동일한 50문제의 최종모의고사를 2회분(총 100문제) 수록하였습니다. 실제 기출과 유사한 문제유형의 최종모의고사를 풀면서 자신의 학습 진도를 파악할 수 있으며, 학습한 뒤에는 오답까지 설명하는 친절한 해설을 통해 개념 정립을 다시금 할 수 있습니다.

시험정보

국가공인 틴매경TEST

매일경제신문이 만드는 틴매경TEST는 금융 · 경제 기초개념과 응용력 등 금융 · 경제 실무기본역량을 측정하는 국내 유일의 국가공인 금융 · 경제 이해력 시험이다. 틴매경TEST 문제는 국내외 권위 있는 교수진과 매일 경제 박사급 기자, 연구원, 현직교사가 공동으로 참여해 현실 반영성이 높은 문항들로 구성된다. 아울러 틴매경 TEST의 취득은 경제 · 경영 공부의 밑바탕이 될 뿐 아니라 금융권 취업 시 실무를 익히는 데도 도움이 될 것이다.

자격정보

❶ **자격의 종류** : 국가공인민간자격(A⁺ · A · B 등급) / 비공인민간자격(C · D 등급)
❷ **자격등록번호** : 국가공인민간자격(기획재정부 2021-204호) / 등록민간자격(2012-0277호)
❸ **자격발급기관** : 매일경제신문사
❹ **응시대상** : 제한 없음
❺ **응시료** : 2만원(20명 이상 단체접수 시 1인당 1만 5,000원)
  ※ 응시료 외 자격취득 추가 비용은 없습니다.

시험시간 및 출제문항 구성

구 분	지 식	사고력	분석력	시 간
금융(25문항)	10문항	10문항	5문항	10:00~11:00 (총 60분)
경제(25문항)	10문항	10문항	5문항	
계(50문항)	20문항	20문항	10문항	

※ 응시자는 시험시작 15분 전(오전 10시 시험의 경우 9시 44분 59초)까지 입실해야 합니다.

2024년 시험일정

구 분	접수기간(예정)	시험일	성적발표일(예정)
47회	04.08(월)~05.13(월)	05.25(토)	05.31(금)
48회	09.02.(월)~10.07(월)	10.19(토)	10.25(금)
49회	10.21(월)~11.18(월)	11.30(토)	12.06(금)

※ 접수기간 및 고사장, 성적발표일은 해당 회차 시험요강 발표 전 변경될 수 있습니다.
  자세한 내용은 시행기관 홈페이지(exam.mk.co.kr)를 반드시 확인하시기 바랍니다.

◑ 출제기준

❶ 금융 · 경제에 필수적인 기본개념을 숙지하고 있는가?

❷ 금융 · 경제의 원리를 실제사례에 적용할 수 있는가?

❸ 금융 · 경제의 자료를 해석하고 분석할 수 있는가?

◑ 출제범위

구 분	내 용

금 융	• 금융시장과 금융 서비스의 이해
	• 수입과 지출관리
	   – 소득과 지출의 개념
	• 저축과 투자
	   – 금리와 투자의 기초개념, 저축상품과 투자상품 이해
	• 신용과 부채관리
	   – 신용과 경제활동, 대출과 신용회복 제도 이해
	• 보 험
	   – 보험의 종류 및 특징
	• 금융법규 및 세제
	   – 금융제도 일반

경 제	• 경제생활의 이해와 경제 문제 해결
	   – 희소성, 기회비용 등 경제기본 개념 이해
	• 시장과 경제 활동
	   – 시장의 종류와 개념
	   – 수요 공급
	• 경제 주체의 합리적 선택
	   – 시장, 정부, 조세정책
	• 국민 경제의 활동과 경제 변동
	   – 거시변수, 화폐, 통화정책, 경기변동
	• 세계 시장과 한국 경제의 미래 전망
	   – 무역과 국제수지, 환율에 대한 이해

🔾 등급별 검정기준

등급	검정기준
90점 이상 (A+)	금융 · 경제 분야에 폭넓은 지식을 가지고 있으며, 금융 · 경제 환경 변화와 전망에 능동적으로 대처할 수 있는 경제사고력과 의사결정 능력이 매우 우수합니다.
80점 이상~90점 미만 (A)	금융 · 경제지식과 이해력이 보통 이상이고 이를 바탕으로 한 우수한 경제사고 능력을 가지고 있습니다.
70점 이상~80점 미만 (B)	일상적인 경제문제를 합리적으로 해결하는 데 큰 어려움이 없을 정도의 금융 · 경제지식을 가지고 있습니다.
60점 이상~70점 미만 (C)	일상적인 금융 · 경제문제를 해결하는 데 필요한 지식을 갖췄습니다. 다만 응용력이 필요한 복합적인 의사결정을 위해서는 조금 더 노력이 필요합니다.
60점 미만 (D)	금융 · 경제문제 해결능력을 위해 좀 더 노력이 필요합니다. 금융 · 경제문제를 꾸준히 접하여 스스로 해결해 보려는 자세를 갖는 게 큰 도움이 될 것입니다.

🔾 자격취득현황

검정연도	접수자(명)	응시자(명)	자격등급	합격자(명)	합격률(%)
2020	1,043	924	A+(공인)	0	0
			A(공인)	31	3.35
			B(공인)	73	7.90
			C	167	18.07
			D	653	70.67
2019	1,287	1,147	A+(공인)	7	0.61
			A(공인)	35	3.05
			B(공인)	93	8.11
			C	170	14.82
			D	842	73.41
2018	1,395	1,232	A+(공인)	11	0.89
			A(공인)	47	3.81
			B(공인)	123	10.71
			C	216	17.53
			D	826	67.05

※ 검정횟수는 연 4회 기준이며, 취득현황은 입력 시점에 따라 실제 수치와 차이가 있을 수 있습니다.

목차

PART 01 | 금융

PART 02 | 경제

틴매경TEST

한권으로 끝내기

www.sdedu.co.kr

PART

01

금융

금융이란 금전을 빌리거나 빌려주는 행위(거래)를 말한다. 즉, 쉽게 말하자면 자금을 가진 자로부터 그것이 필요한 자로 금전이 이동하는 것이라고 할 수 있다. 따라서 앞으로 우리가 배우게 될 금융 파트에서는 금융과 의사결정, 수입과 지출관리, 저축과 투자, 신용과 부채관리, 위험관리와 보험에 대한 문제가 주요 영역으로 출제된다.

구 분	주요 개념 및 내용
금융시장과 금융서비스	• 금융시장 • 금융기관의 분류 및 특징 • 금융서비스의 종류와 활용
수입과 지출관리	• 총소득과 가처분소득의 개념, 소득의 유형 • 가계의 소비 지출 및 비소비 지출
저축과 투자	• 저축의 의미, 금리의 종류 및 결정요인 • 저축상품 • 화폐의 시간가치, 위험과 수익률 • 주식과 채권 • 간접 · 기타 투자상품
신용과 부채관리	• 신용점수, 신용카드 기본지식 • 부채관리 기본지식 • 채무조정제도
보 험	• 보험의 기본원리와 기능 • 보험계약요소 • 보험의 종류
금융법규 및 금융세제	• 자본시장통합법 • 예금자 보호제도 및 금융소비자 보호제도 • 금융 관련 세제

CHAPTER 01 금융시장과 금융서비스

---

01 | 금융(Finance)의 정의

1 정 의

(1) 사전적 정의

　① 표준국어대사전의 정의

　　금전을 융통하는 일로 특히 이자를 붙여서 자금을 대차하는 일과 그 수급 관계를 이른다.

　② 고려대한국어대사전의 정의

　　경제에서 자금의 수요와 공급에 관계되는 활동을 말한다.

(2) 일반적 정의

　① 가치저장으로서의 유통

　　금융이란 화폐의 유통에서 교환수단으로서의 유통(산업적 유통)이 아니라 가치저장으로서의 유통(금융적 유통)을 하는 경우를 말한다. 즉, 단순한 교환수단으로 화폐를 사용하는 것이 아니라 경제행위를 영위하는 수단으로 사용된다.

　② 자금을 융통하는 행위(거래)

　　자금의 유통(금융)이 행하여지게 되면 대차관계(채권 및 채무관계)가 성립하게 된다. 금융은 자금이 여유가 있는 주체와 자금이 부족한 주체가 있을 때, 후자가 전자에 채무를 지고 자금을 빌리며, 전자는 후자에 자금을 빌려주는 대신 이에 대한 채권을 가짐으로써 발생되는 화폐의 이전현상이다. 즉, 화폐 및 예금, 유가 증권, 대부 채권 등 자금을 융통하는 행위(거래)를 말한다.

2 금융활동

(1) 금융활동의 정의

　① 자금이 필요한 사람에게 일정 기간 동안 자금을 빌려주고 추후에 원금과 이자를 돌려받아 경제가 원활히 흐를 수 있도록 하는 활동을 말한다.

② 기본 용어

    ㉠ 차입자 : 돈을 빌리는 사람으로 채무자라고도 한다.

    ㉡ 대부자 : 돈을 빌려주는 사람으로 채권자라고 한다.

    ㉢ 금융기관 : 중개기관으로 알선하는 역할을 한다. 보통 개인과 개인 간에 금융거래가 일어난다기보다는 중개기관으로서 금융기관이 존재한다. 따라서 금융기관은 대부자가 될 수 있다고 본다.

(2) 금융활동(거래)의 순서(예시)

① 돈이 필요한 차입자 A가 대부자 B에게 6개월 동안 자금 1,000만원을 빌려달라고 요청한다.

② 차입자 A의 원금을 상환할 능력을 보고, 대부자 B는 이자 10만원을 원금과 같이 갚는다는 조건으로 채무증서와 함께 1,000만원을 빌려준다.

③ 대부자 B가 돈을 빌려줌으로써 금융거래가 발생하며, 이로써 사회 전체에 1,000만원의 가치가 창출된다.

④ 차입자 A는 6개월의 기간이 만기될 때 자금 1,000만원과 이자 10만원을 함께 갚는다.

⑤ 차입자 A의 채무가 소멸된다.

[금융거래의 관계]

차입자 A
(채무자)

자금, 채무증서

채무소멸, 원금·이자

대부자 B
(채권자)

(3) 금융활동의 기능

① 자금의 중개 기능

    금융기관이라는 중개기관을 통하여 여윳돈이 있는 사람에게 자금을 안전하게 조달하고, 이를 다시 돈이 필요한 사람에게 전달하는 기능을 한다.

② 원활한 거래(융통)의 기능

    금융기관을 통한 금융활동을 통해 시간비용을 줄여주며, 거래비용을 절감하게 된다. 여유자금을 가진 사람들에게는 투자의 기회를 제공하여, 사회 전체에 자금의 선순환을 통한 경제 발전에 이바지하는 기능을 한다.

③ 위험(Risk)의 전환 기능

    분산투자를 통해 위험(Risk) 요소를 줄일 수 있고, 보험을 판매하여 이를 통해 비슷한 위험으로부터 사람들을 보호하는 기능을 한다.

01 다음의 사례 중 금융이라고 볼 수 있는 행위를 모두 고른 것은?　　金融-사고력

> ㄱ. 가지고 있던 연필을 볼펜으로 친구와 물물교환한 영희
> ㄴ. 주식장이 열리자마자 여유자금 7만원으로 주식 1주를 산 철수
> ㄷ. 지인에게 채무증서를 작성하고 돈을 빌린 선아

① 영희　　　　　　　　　　② 철수
③ 영희, 선아　　　　　　　④ 영희, 철수
⑤ 철수, 선아

┌해 설┐
ㄴ. 주식시장이라는 매개체를 통해 거래를 진행하였으므로 금융행위라고 볼 수 있다.
ㄷ. 은행을 거치지 않고 개인적으로 채무증거를 작성한 경우도 금융행위이다.
ㄱ. 물물교환한 행위는 금융행위(거래)라고 볼 수 없다.

　　　　　　　　　　　　　　　　　　　　　　　정답 ⑤

02 금융활동에서 대출만기 시에 원금과 이자를 함께 받는 이유로 옳은 것은?　　金融-지식

① 차입자가 채무를 이행하지 않았을 경우의 위험부담이 있기 때문이다.
② 금융기관이 필요한 정보를 제공한 목적을 달성하였기 때문이다.
③ 이자를 변제함으로써 금융기관의 자금 조달이 용이해지기 때문이다.
④ 원금만 상환할 경우 개인의 불확실성이 높아지기 때문이다.
⑤ 여러 자금을 안전하게 분산투자하기 위함이다.

┌해 설┐
원금을 대부자가 가지고 있었을 경우의 이자수익, 수수료 등의 시간가치를 대가성으로 환산하며, 차입자가 채무를 불이행하였을 때의 위험을 함께 반영하여 원금과 이자를 함께 만기 시에 변제한다.

　　　　　　　　　　　　　　　　　　　　　　　정답 ①

02 | 금융시장

■ 의의

(1) 금융시장의 의의

금융시장은 자금의 수요자와 공급자인 경제주체(가계, 기업, 정부) 간의 금융거래가 이루어지는 장소를 말한다.

(2) 금융시장의 구성

① **자금의 수요자** : 일반적으로 기업을 말한다. 대출상품을 제외한 금융상품의 공급자이다.

② **자금의 공급자** : 일반적으로 돈을 증식시키기 원하는 투자자를 말한다. 대출상품을 제외한 금융상품의 수요자이다.

③ **금융상품** : 금융거래가 가능한 판매상품을 말한다.

④ **금융거래** : 예금, 대출, 주식거래, 채무증서 등 모든 금융거래는 금융시장에 해당한다.

■ 직접금융시장과 간접금융시장

(1) 직접금융시장

① **개 념**

금융기관을 거치지 않고 자금의 수요자(일반적으로 기업)가 거래하는 주식, 회사채 등을 자금의 공급자가 직접 매수하여 거래하는 행위를 말한다.

② **주 체**

자금의 공급자, 자금의 수요자가 있다.

③ **거래 내용**

㉠ 주식 : 주식회사의 자본을 이루는 단위로 기업이 소유권을 나타낸 증서이다(만기는 없음).

㉡ 회사채 : 주식회사가 발행하는 채권으로 사업에 필요한 자금을 조달하는 역할을 한다.

④ **장단점**

장 점	• 기업이 원하는 금액(자금)을 장기로 조달할 수 있기 때문에, 장기설비 투자를 위한 자금 조달이 쉽다.
단 점	• 주식 발행은 기업의 지배구조에 영향을 미친다. • 회사채를 발행할 때는 신용도에 따라서 높은 금리를 지불하거나 발행이 어려운 경우도 있다.

[직접금융시장]

자금의 공급자

자금
→
←
주식, 회사채 등

자금의 수요자

(2) 간접금융시장

① 개 념

자금의 공급자와 자금의 수요자 사이에 은행 등 금융기관이 매개체가 되어 연결해주는 경우를 말한다.

② 주 체

금융기관, 자금의 공급자, 자금의 수요자가 있다.

③ 주요 거래단계

㉠ 공급단계 : 금융기관(주로 은행)이 자금의 공급자로부터 예금을 받아 필요한 사람에게 대출해주는 형태이다. 금융기관이 자금공급자에게 예금증서 등을 교부하는 단계이다.

㉡ 수요단계 : 금융기관이 자금을 자금의 수요자에게 제공하고 차용증서를 교부받는 단계이다.

④ 장단점

장 점	• 기업의 지배구조에 영향을 주지 않는다. • 기업이 운전자금(재료비, 인건비 등 기업의 생산 활동에 필요한 돈) 수요가 많을 때 차입하였다가 자금사정이 호전될 때 즉시 상환하는 등 자금수급을 편리하게 조절할 수 있다. • 이자 지급에 대해서 세금을 감면받을 수 있다.
단 점	• 높은 신용도를 유지해야 하고, 담보 자산을 마련해야 한다. • 금융기관(대출자)으로부터 기업경영에 대한 간섭을 받을 수 있다.

[간접금융시장]

자금의 공급자

예 금
→
←
예금증서

금융기관

대 출
→
←
차용증서

자금의 수요자

❸ 단기금융시장과 장기금융시장

(1) 단기금융시장(화폐시장)

① 개념

만기 1년 이내(단기간)의 금융상품이 거래되는 시장을 말한다.

② 이용

개인, 기업 등이 일시적인 여유자금이나 부족자금 등 자금 수급을 조달하여 자금의 불균형을 조정하는 데 쓰인다.

예 콜시장, 양도성예금증서시장, 환매조건부채권매매시장 등

(2) 장기금융시장(자본시장)

① 개념

만기가 1년 이상(장기간)인 금융상품이 거래되는 시장을 말한다.

② 이용

주로 기업, 정부 등이 만기 1년 이상의 채권 또는 주식 등을 통해 장기적으로 필요한 자금을 조달하는 데 쓰인다.

예 주식시장, 채권시장, 자산유동화증권시장 등

❹ 발행시장과 유통시장

(1) 발행시장

① 개념

주식이나 채권을 최초로 발행하여 투자자로부터 돈을 빌리는 시장이다.

② 종류

상장 회사의 신규 주식 발행이나 신규 채권 판매, 유가증권시장에 회사가 새롭게 상장하는 경우가 해당된다.

(2) 유통시장

① 개념

이미 발생된 채권이나 주식이 투자자들 사이에서 거래되는 시장이다.

② 종 류

금융상품의 거래장소와 거래방법에 따라 거래소시장과 장외시장으로 구분된다.

거래소시장	• 상장회사들의 유가증권이 유통되는 시장으로 대표적으로 우리나라의 한국거래소(KOSPI시장, KOSDAQ시장)가 있다. • 거래 규칙과 집중된 주문에 의하여 거래가 이루어지는 구체적이고 조직적인 시장이다.
장외시장	• 거래소시장 밖에서 유가증권의 거래가 이루어지는 시장으로 비상장기업과 정규시장에서 퇴출된 기업이 대상이다. • 기업에는 자금조달의 기회를, 투자자에게는 새 투자기회를 제공하여 거래소시장의 보완적인 기능을 수행한다. • 제도화된 것으로는 미국의 나스닥(NASDAQ)시장, 일본의 주식점두시장이 있다.

③ 활 용

자금이 필요한 투자자가 유통시장에서 보유한 주식을 매각함으로써 현금을 보유할 수 있다. 만기가 정해신 상품일지라도 쉽게 현금화할 수 있고, 여기서 시장가격이 결정된다.

(3) 발행시장과 유통시장의 관계

① 유통시장에서 유통이 원활하지 않은 주식이나 채권은 발행시장에서 인기가 없다.

② 발행시장에서 규모가 작고 가격이 낮은 주식이나 채권은 유통시장에서도 인기가 없다.

③ 발행시장과 유통시장은 서로 밀접한 관계를 지니고 있다.

5 외환시장과 파생금융상품시장

(1) 외환시장

① 개 념

달러와 한화처럼 각국의 서로 다른 화폐가 거래되는 시장이다.

② 유 형

일반사람이 여행 시 환전하는 것이나 기업이 수출입 시 원화와 달러를 교환하는 행위가 있다.

(2) 파생금융상품시장

① 개 념

금융기초자산(통화, 채권, 주식 등) 가격을 기반으로 이차적으로 파생된 금융상품이 거래되는 시장이다.

② 유 형

선물, 선물환, 옵션, 스왑 등이 대표적인 상품에 속한다.

[금융시장의 종류]

01 다음 빈칸에 순서대로 들어갈 말로 옳은 것은?

금융-지식

> 금융시장은 자금의 수요자와 공급자인 경제주체 간의 금융거래가 이루어지는 장소를 말한다. 이중 (　　)시장은 금융기관을 거치지 않고 자금의 수요자(일반적으로 기업)가 거래하는 주식, 회사채 등을 자금의 공급자가 직접 매수하여 거래하는 행위를 말하며, (　　)시장은 자금의 공급자와 자금의 수요자 사이에 은행 등 금융기관이 매개체가 되어 연결해주는 경우를 말한다.

① 직접금융, 간접금융 　　　　② 단기금융, 장기금융
③ 발행, 유통 　　　　　　　　④ 자금, 자본
⑤ 외환, 파생금융상품

해 설
금융기관을 거치지 않고 자금의 수요자(일반적으로 기업)가 거래하는 주식, 회사채 등을 자금의 공급자가 직접 매수하여 거래하는 것은 직접금융시장이고, 중간에 금융기관이 매개체가 되어 연결해주는 경우는 간접금융시장이라 한다.

정답 ①

02 다음에서 설명하는 개념으로 옳은 것은?

금융-지식

> • 거래소시장 밖에서 유가증권의 거래가 이루어지는 시장으로 비상장기업과 정규시장에서 퇴출된 기업이 대상이다.
> • 기업에는 자금조달의 기회를, 투자자에게는 새 투자기회를 제공하여 거래소시장의 보완적인 기능을 수행한다.
> • 제도화된 것으로는 미국의 나스닥(NASDAQ) 시장, 일본의 주식점두시장이 있다.

① 거래소시장 　　　　　　　② 장외시장
③ 자금시장 　　　　　　　　④ 자본시장
⑤ 발행시장

해 설
금융상품의 거래장소와 거래방법에 따라 거래소시장과 장외시장으로 구분되는데 그 중 장외시장은 거래소 밖에서 거래가 이루어지는 시장이다.

정답 ②

■ 의 의

자금의 수요자와 공급자 사이에서 예금, 대출 등 금융 거래를 돕는 금융중개기관을 말한다. 대표적으로는 은행, 비은행 예금취급기관, 보험회사, 금융투자회사, 기타 금융기관 등이 있다.

■ 금융기관의 종류

[우리나라 금융기관]

구 분	분 류	업 무
은 행	일반은행	예금·대출 및 지급결제 업무
	특수은행	일반은행이 재원의 제약, 수익성 확보의 어려움 등을 이유로 필요한 자금을 충분히 공급하기 어려운 부문에 자금을 원활히 공급하는 업무
비은행 예금취급기관	우체국예금	민간금융이 취약한 지역을 지원하기 위해 전국의 체신관서를 금융창구로 활용하는 국영금융업무
	상호저축은행	특정한 지역의 서민 및 소규모 기업을 대상으로 하는 여신업무
	신용협동조합	조합원에 대한 저축편의 제공과 대출을 통한 상호간의 공동이익 추구하는 업무
보험회사	생명보험회사, 손해보험회사	사망·질병·노후 또는 화재나 각종 사고를 대비하는 보험의 인수·운영업무
	우체국보험	국가기관이 취급하는 국영보험업무
금융투자회사	투자매매중개업자, 집합투자업자	주식, 채권 등 유가증권과 장내·장외파생상품 등 금융투자상품의 거래와 관련된 업무
기타 금융기관	여신전문금융회사, 벤처캐피탈회사, 증권금융회사, 자금중개회사, 금융지주회사	은행과 같은 정도의 금융업을 수행하지는 않지만, 통화금융기관과 비통화금융기관 외에 넓은 의미에서의 직간접적으로 자금을 원활히 중개하는 기능을 수행하거나 기타 금융기관과 관련성이 높은 업무

(1) 은 행

① 은행법에 따른 은행업

예금을 받거나 유가증권 또는 그 밖의 채무증서를 발행하여 불특정 다수인으로부터 채무를 부담함으로써 조달한 자금을 대출하는 것을 업으로 하는 것을 말한다.

② 은행의 구분

영업지역에 따른 구분	시중은행	예 신한은행, 우리은행, KB국민은행, 카카오뱅크 등
	지방은행	예 광주은행, 전북은행, 대구은행, 부산은행 등
설립목적에 따른 구분	일반은행	예 SC제일은행, KEB하나은행, 케이뱅크 등
	특수은행	예 NH농협은행, KDB한국산업은행, 한국수출입은행 등

㉠ 시중은행 : 전국적인 단위로 점포망을 가지고 있는 상업은행을 말하며, 은행업을 인가받아 운영 중인 인터넷전문은행을 포함한다.

㉡ 지방은행 : 지방도시에 거점을 두고 그 지역 내에서 금융활동을 하는 일반은행이다.

㉢ 일반은행 : 상업은행이라고도 하며 예금, 대출, 지급결제 업무를 담당한다. 시중은행, 지방은행 및 외국은행 국내 지점, 인터넷전문은행이 이에 속한다.

㉣ 특수은행 : 일반은행이 자금을 충분히 공급하기 어려운 특정 산업 부분의 자금 지원을 위해 설립 된 은행이다.

(2) 비은행 예금취급기관

① 우체국예금

우정사업본부의 금융서비스로 전국 우체국에서 수행하는 예금업무취급 등 금융업무를 말한다.

② 상호저축은행

서민과 중소기업의 금융편의를 도모하고 저축을 증대하기 위하여 설립되었으며, 주로 신용도가 낮은 개인 또는 중소기업을 대상으로 하여 은행보다 대출금리와 예금금리가 높다. 수신업무, 여신업무, 부 대업무 등 기본 예대업무를 취급한다.

예 유안타저축은행, 웰컴저축은행, BNK저축은행 등

③ 신용협동조합(상호금융)

금융협동조합으로 조합원(보통 지역 주민 및 소기업)을 대상으로 예금 및 대출업무를 수행하며 조합 원 간 상부상조를 도모한다.

예 지역농협, 지역수협, 신협, MG새마을금고 등

(3) 보험회사

① 우체국보험

우정사업본부의 보험서비스로 체신관서에서 피보험자의 생명·신체의 상해를 보험사고로 하여 취급 하는 보험이다.

② 생명보험회사, 손해보험회사

피보험자에게 징수한 보험료를 대출, 부동산, 유가증권 등에 투자하여 피보험자의 생명, 재산상의 손해를 보상한다.

예 삼성생명, 삼성화재 등

(4) 금융투자회사

① 투자매매중개업자

금융투자상품의 매도·매수, 유가증권의 발행·인수 등 중개업무를 한다.

② 집합투자업자

2인 이상의 투자자로부터 모은 금전 등으로 운용한다. 직접 투자가 어렵거나 초보 투자자가 이용하기 적합한 투자신탁 펀드 및 뮤추얼 펀드를 운용하며 증권투자대행기관의 역할을 한다.

(5) 기타 금융기관

① 여신전문금융회사

신용카드업, 시설대여업, 할부금융업 또는 신기술사업금융업을 취급하는 회사를 말한다.

② 벤처캐피탈회사

경쟁력 있는 중소기업이나 벤처기업을 발굴해 투자하는 회사이다.

③ 증권금융회사

주식, 채권 등의 증권금융 업무를 담당하고 있는 회사이다.

④ 자금중개회사

개인과 기업, 금융기관 간 자금 거래를 중개할 목적으로 설립된 회사이다.

⑤ 금융지주회사

주식 보유를 통해 금융업을 하는 자회사를 지배하는 회사로 지주회사의 일종이다.

3 기타 금융유관기관

(1) 한국은행

① 목 적

효율적인 통화신용정책의 수립과 집행을 통해 물가안정을 도모함으로써 나라경제의 건전한 발전에 이바지하고자 설립되었다.

② 역 할

대한민국 중앙은행으로 기준금리(정책금리)가 적정한 수준에 머물도록 다양한 정책수단을 통해 통화신용정책을 수립·집행한다. 또한 금융회사에 대한 대출업무를 수행하는 은행의 은행이며, 세금 등 정부의 자금을 국고금으로 취급한다.

(2) 금융감독원

① 목 적

금융기관의 건전성을 확보하고 공정한 시장질서를 확립하며, 금융소비자를 보호하기 위하여 설립되었다.

② 역 할

자금의 수요자를 보호하며, 금융기관에 대한 검사 · 감독 업무를 수행한다.

③ 검사 대상기관

금융감독원의 검사를 받는 기관은 다음과 같다.

ⓐ 은 행

ⓑ 금융투자업자, 증권금융회사, 종합금융회사 및 명의개서대행회사

ⓒ 보험회사

ⓓ 상호저축은행과 그 중앙회

ⓔ 신용협동조합 및 그 중앙회

ⓕ 여신전문금융회사 및 겸영여신업자

ⓖ 농협은행

ⓗ 수협은행

(3) 예금보험공사

① 목 적

금융회사가 파산 등으로 예금을 지급할 수 없는 경우 예금의 지급을 보장함으로써 예금자를 보호하고 금융제도의 안정성을 유지하는 데 이바지하고자 설립되었다.

② 역 할

예금자 보호 및 투자매매중개업자, 보험회사, 상호저축은행, 종합금융회사 등 금융권의 예금보호를 담당하여 금융시장이 원활하게 작동하도록 돕는다.

01 다음 금융기관 중 은행에 속하지 않는 것은?　　　　　　　　　　　금융-지식

① SC제일은행　　　　　　　　　　② 신한은행
③ 우체국예금　　　　　　　　　　　④ KDB한국산업은행
⑤ 한국수출입은행

해 설
우체국예금은 은행법상 은행이 아니고 비은행 예금취급기관에 속한다.

정 답 ③

02 금융감독원의 검사를 받지 않는 기관으로 옳은 것은?　　　　　　　금융-지식

① 보험회사　　　　　　　　　　　② 새마을금고
③ 여신전문금융회사　　　　　　　④ NH농협은행
⑤ 상호저축은행중앙회

해 설
새마을금고와 그 중앙회는 포함되지 않는다. 주무부 장관인 행정안전부 장관이 감독한다.

정 답 ②

03 다음 중 소비자 보호 금융기관만을 모두 고른 것은?　　　　　　　금융-지식

ㄱ. 여신전문금융회사　　　　　　　ㄴ. 한국은행
ㄷ. 금융감독원　　　　　　　　　　ㄹ. 예금보험공사

① ㄱ, ㄴ　　　　　　　　　　　　② ㄷ, ㄹ
③ ㄱ, ㄴ, ㄷ　　　　　　　　　　④ ㄴ, ㄷ, ㄹ
⑤ ㄱ, ㄴ, ㄷ, ㄹ

해 설
ㄷ. 금융감독원 : 금융기관의 건전성을 확보하고 공정한 시장질서를 확립하며, 금융소비자를 보호하기 위하여 설립된 기관이다. 이외에 대표적인 소비자 보호 업무 기관으로는 한국소비자원도 있다.
ㄹ. 예금보험공사 : 금융회사가 파산 등으로 예금을 지급할 수 없는 경우 예금의 지급을 보장함으로써 예금자를 보호하고 금융제도의 안정성을 유지하기 위한 기관이다.
ㄱ. 여신전문금융회사 : 신용카드업, 시설대여업, 할부금융업 또는 신기술사업금융업 등 주로 대출업을 취급하는 회사이다.
ㄴ. 한국은행 : 우리나라의 중앙은행으로 효율적인 통화신용정책의 수립과 집행을 통해 물가안정을 도모한다.

정 답 ②

04 | 금융서비스

1 일반금융서비스

(1) 여수신업무(예금과 대출)

수신업무(예금)는 금융기관에 맡긴 자금을 말하고, 여신업무(대출)는 금융기관에서 자금을 빌려주는 것을 말한다. 가장 대표적인 금융서비스이며, 저축 등 예금관리 및 자금 마련이 필요할 때 대출을 통해 가계의 필요한 자금공급을 원활하게 해준다.

(2) 지로 및 자동 계좌이체

지로 및 자동 계좌이체를 통해 세금 및 공과금을 대신 받아주기도 하며, 타인이 이체한 돈인 월급 등을 통장에서 바로 받을 수 있도록 중간 역할을 해준다.

(3) 결제수단

신용카드나 체크카드 등이 대표적인 수단이며, 현금을 소지하지 않고도 편리하게 결제할 수 있다.

2 전자금융서비스

(1) 의 의

은행 등 금융기관의 금융서비스를 IT기술로 자동화, 전산화하여 금융거래할 수 있도록 한 금융자산 관리서비스를 통틀어 말한다. 직접 은행에 방문하지 않고도 자신이 편리한 시간에 업무를 보고, 비대면으로 거래를 할 수 있다는 점에서 PC, 스마트폰의 확산과 함께 더욱 각광받고 있다.

(2) 전자금융서비스의 종류

① 인터넷뱅킹

인터넷을 사용할 수 있는 PC 등으로 은행의 서비스에 접속하여 이용할 수 있는 뱅킹서비스이다.

② 모바일뱅킹

시간과 장소의 제약을 받지 않고 본인이 소지한 스마트폰의 화면을 통해 은행의 잔액조회, 계좌이체 등 금융업무를 처리할 수 있는 모바일 금융서비스이다.

③ 텔레뱅킹

직접 은행을 찾지 않고도 전화로 금융거래가 가능한 제도로 고객의 돈을 은행 내나 계좌로 즉각 이체시킬 수 있으며 24시간 금융거래를 할 수 있는 특징을 가지고 있다.

④ 펌뱅킹

은행에서 전용 통신 회선이나 우회망을 이용해 은행과 각 기업의 전산망을 연결하여 기업의 모든 은행 거래를 사무실의 컴퓨터 단말기에서 처리하는 일을 말한다.

⑤ 전자화폐

모바일서비스를 통해 송금, 결제 등 온·오프라인 간편결제가 가능하다. 새로운 방식의 화폐결제 방식으로 핀테크 산업의 대표주자라고 할 수 있으며 예로는 삼성페이, 카카오페이 등이 있다.

⑥ 현금자동인출(지급)기

ATM(Automated Teller Machine) 또는 CD(Cash Dispenser)라고 부른다. 오프라인 전자금융 서비스 중 하나이다.

더 알아보기 ▶ 핀테크(FinTech)

'금융(Finance)'과 '기술(Technology)'의 합성어로, 금융과 기술을 결합한 금융서비스나 이러한 금융서비스를 제공하는 회사를 가리키는 말이다. 온라인과 모바일을 통한 금융거래가 활성화되면서 주목을 받고 있다. 대표적으로 지급결제, 금융데이터 분석, 금융소프트웨어, 플랫폼 등의 형태를 띤다. 금융서비스와 실체로서의 금융기관이 분리되기 시작한다는 점에서 변화의 의미가 있다.

(3) 전자금융범죄 유형 및 예방

① 전자금융범죄 유형 및 대처방안

구 분	방 식	대처방안
피싱(Phishing)	보이스피싱, 메신저피싱 등 피해자 협박 또는 회유 등의 방법을 통해 이용자의 개인정보나 금융정보를 빼내 재산을 갈취하는 방식	• 금융감독원 금융소비자정보포털 개인정보 노출자 사고예방시스템 활용 • 명의도용 방지서비스 활용
스미싱(Smishing)	주로 문자메시지를 이용하여 악성코드를 휴대전화에 유포한 후 휴대전화 소액결제 피해를 입히는 방식	• 통신과금서비스 이용의 정정 요구
파밍(Pharming)	PC를 악성코드에 감염시켜 조작해 금융회사 홈페이지에 접속하면 피싱(가짜)사이트로 유도되어 금융정보를 탈취하고 유출된 정보로 예금 인출하는 방식	• 지급정지 및 피해금 환급 신청 • 악성프로그램에 감염된 PC치료

② 전자금융 보안장치

구 분	특 징	사용방식
공동인증서 (구 공인인증서)	• 온라인 거래용 인감증명서 • 인터넷상의 계약 및 거래에서 본인인증 효력	• PC, 스마트폰, USB 등에 저장
금융인증서	• 민간에서 제작한 인증서 • 공동인증서와 같은 효력	• 금융결제원 클라우드에 저장
보안카드	• 전자금융거래시 사용하는 카드 • 4자리 숫자 25~50개가 적혀있음	• 거래 시마다 매번 다른 번호의 숫자를 요구, 해당 난수를 확인하는 것으로 보안 인증
일회용 비밀번호 (OTP ; One Time Password)	• 전자금융거래 시마다 새로운 비밀번호를 생성하는 보안매체 • 계속해서 새로운 숫자를 제공하므로, 보안 유출 가능성 낮음	• 거래 시마다 새로 생성된 비밀번호를 입력하는 것으로 보안 인증

③ 전자금융범죄의 예방방안

㉠ 전자금융거래 후에는 반드시 로그아웃한다.

㉡ 인터넷(모바일)뱅킹의 경우 이체 한도액을 설정하여 한 번 또는 하루의 이체 상한액을 둔다.

㉢ 비밀번호는 다른 사람들이 쉽게 유추할 수 있는 반복된 문자, 생일 등은 피한다.

㉣ 악성 바이러스에 대비해 컴퓨터에 백신을 설치하고 주기적으로 체크하여야 한다.

 예상문제

01 다음 중 전자금융서비스를 모두 고른 것은? 금융-지식

> ㄱ. 대면 대출
> ㄴ. 모바일뱅킹
> ㄷ. ATM
> ㄹ. 스미싱

① ㄱ, ㄴ
② ㄱ, ㄷ
③ ㄴ, ㄷ
④ ㄷ, ㄹ
⑤ ㄱ, ㄴ, ㄷ

해설
ㄴ. 모바일뱅킹 : 스마트폰의 어플 등을 설치하여 사용하는 모바일 전자금융서비스이다.
ㄷ. ATM : 카드 등을 통해 현금을 자동으로 인출할 수 있는 기계로 대표적인 오프라인 전자금융서비스이다.
ㄱ. 대면 대출 : 금융기관에서 자금을 빌려 가계의 자금 마련에 도움을 주는 일반금융서비스이다.
ㄹ. 스미싱 : 문자메시지를 이용하여 소액결제 등 피해를 입히는 전자금융범죄 사기 수법이다.

정답 ③

02 다음 빈칸에 공통적으로 들어갈 말로 옳은 것은?

> 올 상반기에 (   ) 업체를 통해 이뤄진 중소 저축은행 대출이 약 2조원 수준에 이르는 것으로 집계되었다. 중소 저축은행들은 자산 규모가 크지 않고 영업과 홍보·마케팅 면에서 투입비용이 한정되어, 그동안 대형 저축은행들과의 경쟁에서 부진하였다. 그러나 토스와 카카오페이, 핀다 등 (   ) 업체들이 손쉽게 조회할 수 있는 대출 비교 상품을 선보이면서, 소규모 저축은행들에게는 적은 마케팅비용으로 상품을 홍보할 수 있는 호재로 작용한 셈이다.

① 앱테크(AppTech)

② 핀테크(FinTech)

③ 푸드테크(FoodTech)

④ 프롭테크(PropTech)

⑤ 레그테크(RegTech)

해 설

② 핀테크(FinTech) : 금융(Finance)과 기술(Technology)의 합성어로, 인터넷 전문은행이나 간편결제처럼 금융과 기술을 결합한 금융서비스나 이러한 금융서비스를 제공하는 회사를 가리키는 말이다.

① 앱테크(AppTech) : 애플리케이션(Application)과 재테크의 합성어로, 어플을 이용해 돈을 버는 재테크 방식이다.

③ 푸드테크(FoodTech) : 식품(Food)과 기술(Technology)의 합성어로 식품가공, 외식 등의 식품 관련 산업에 IT기술, 빅데이터 등 새로운 기술을 접목하는 방식이다.

④ 프롭테크(PropTech) : 부동산 자산(Property)과 기술(Technology)의 합성어로 인공지능(AI), 블록체인 등 IT기술을 결합한 부동산서비스이다.

⑤ 레그테크(RegTech) : 규제(Regulation)와 기술(Technology)의 합성어로, 인공지능(AI)을 통해 금융회사에 대한 금융규제를 쉽게 하는 정보기술이다.

정 답 ②

---

01 | 수입과 지출

■1 소 득

(1) 의 의

수입의 중요한 원천이 되는 것으로서, 경제주체가 경제활동의 대가로 얻는 돈을 말한다. 대표적으로 경상소득과 비경상소득으로 나뉜다. 경상소득은 비교적 오랫동안 정기적으로 들어오는 소득을 말하며, 이에 반해 비경상 소득은 일시적으로 발생한 임시 소득을 말한다.

(2) 소득의 종류

구 분		내 용
경상소득	근로소득	• 노동의 대가로 받은 봉급이나 임금으로 세금을 공제하기 전 총액을 통틀어 말한다. 예 급여, 상여금, 각종 수당
	사업소득	• 자신의 사업으로 얻은 소득을 말한다. 예 자신이 회사, 가게, 농사 등을 운영해서 얻는 수익
	재산소득	• 자신이 소유하고 있는 재산을 이용해서 얻은 소득을 말한다. 예 예적금 이자, 부동산 임대료, 배당금 등
	이전소득	• 생산에 직접 기여하지 않고 국가나 기업으로부터 받는 소득을 말한다. 예 보험금 지급, 국민연금, 생활보조금 등
비경상소득		• 일시적으로 발생한 임시 소득을 말한다. 예 퇴직금, 복권당첨금, 유산상속 등

(3) 소득의 흐름

총소득 - 비소비지출 = 가처분소득 → 소비 및 저축

① 총소득

생산활동 등에 참여하여 얻은 전체 수입원으로 소득의 1차적인 요소이다.

② 비소비지출

소득세, 재산세 등 세금과 4대 보험료 등 사회보장비, 대출 이자 등을 모두 합한 비용으로 고정적으로 지출되는 성격을 지닌다.

③ 가처분소득

총소득에서 비소비지출(세금과 이자 등)을 제외하고 개인이 쓸 수 있는 모든 소득을 말한다.

④ 소비 및 저축

가처분소득에서 자유롭게 소비를 하거나 저축을 한다.

🔍 알아보기 ▶ 소득의 불평등을 나타내는 지표 - 지니계수

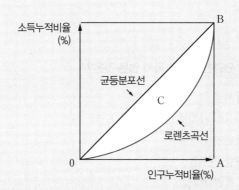

로렌츠곡선은 모든 가계를 저소득층부터 배열한 후 x축의 인구누적비율, y축의 누적 소득 점유비율 간 조합을 그래프로 나타낸 것이다. 여기서 지니계수는 소득의 불평등 정도를 나타내는 지수이며, '0'에서 '1' 사이의 값을 가진다. 1에 가깝게 지니계수가 큰 것은 소득분배의 불평등 정도가 심각한 것을, 반대로 0에 가까운 것은 소득이 이상적으로 균등한 상태를 나타낸다. 로렌츠곡선이 완전균등분배선과 일치한다면 지니계수는 1이며, 모든 사람이 동일한 소득을 받는다면 완전평등선과 일치하게 되어 지니계수는 0이 된다.

01 다음 사례는 한 가족 구성원의 소득을 나타낸 것이다. 이에 대해 옳지 않은 분석을 하고 있는 학생은?

금융-분석력

> 민지씨(20세)는 요즘 아르바이트를 하는 중이다. 예전에는 용돈을 받았지만, 대학교에 가면서부터 경험삼아 카페 아르바이트를 시작하였다. 민지씨의 아버지(53세) 공무원이었으나 최근 명예퇴직하고 연금을 받고 쉬고 있다. 민지씨의 어머니(49세)는 주부로 본인 명의의 상가를 관리하며 매달 임대료를 받고 있다.

① 서현 : 아버지의 퇴직으로 가계 전체의 근로소득이 없어졌군.
② 세아 : 민지씨가 카페를 운영하는 것은 아니니 사업소득이라 할 수는 없겠군.
③ 하린 : 아버지는 연금을 받고 있으니 이전소득이 발생했다고 볼 수 있겠군.
④ 윤주 : 어머니는 재산소득이 발생한다고 할 수 있겠군.
⑤ 수현 : 아버지의 퇴직금을 수령할 때 비경상소득이 발생했겠군.

해설

아버지가 퇴직하였지만, 민지씨가 카페 아르바이트로 급여를 받고 있으므로 민지씨 가족의 근로소득이 사라졌다고 볼 수는 없다.

정답 ①

02 소득과 그 예시를 연결한 것으로 옳지 않은 것은?

금융-지식

① 근로소득 – 상여금
② 사업소득 – 자신의 가게 운영으로 얻은 수익
③ 재산소득 – 국민연금
④ 이전소득 – 재난지원금
⑤ 비경상소득 – 복권당첨금

해설

국민연금은 재산소득이 아니라 이전소득에 해당한다. 이전소득은 생산에 직접 기여하지 않고 국가나 기업으로부터 받는 돈으로 보험금를 지급받는 것이나 생활보조금, 재난지원금 등이 있다.

정답 ③

03 지니계수에 대한 설명으로 옳지 않은 것은? 금융-사고력

① 지니계수는 소득분배의 불평등 정도를 나타내는 지수이다.

② 지니계수는 0에서 1 사이의 값을 가진다.

③ 지니계수가 0에 가까운 것은 소득이 이상적으로 균등한 상태를 나타낸다.

④ 로렌츠곡선이 완전균등분배선과 일치한다면 지니계수는 1이 된다.

⑤ 모든 사람이 동일한 소득을 받는다면 지니계수는 1이 된다.

해 설

지니계수는 반드시 0에서 1 사이의 값을 가지며 불평등 정도가 커질수록 지니계수도 커진다. 모든 사람이 동일한 소득을 받는다면 로렌츠곡선의 완전평등선과 일치하게 되어 지니계수는 0이 된다.

정답 ⑤

1 총소득과 가처분소득의 관계

(1) 총소득과 가처분소득의 개념

총소득이란 근로소득, 재산소득 등 가계가 일정 기간 벌어들이는 모든 재화의 합을 말한다. 여기서 가처분소득이란 총소득에 세금 등 비소비지출을 제하고 이전소득 등은 보탠 금액으로 자유롭게 소비나 저축에 사용할 수 있는 소득이다.

(2) 가처분소득의 활용

가계는 가처분소득을 토대로 소비와 저축에 관한 의사결정을 하게 된다. 예를 들어 근로자 A씨의 올해 연봉이 동결되었는데 대신 소득세율이 13%에서 12%로 낮아졌다고 했을 때, 가처분소득은 연봉의 1%만큼 늘어나므로 그만큼 A씨는 이 금액을 소비나 저축에 사용할 수 있게 된다. 이때 소비가 차지하는 비율은 소비성향, 반대로 저축이 차지하는 비율은 저축성향이라 한다.

(3) 소비성향과 저축성향

소비성향	• 가처분소득 중 소비가 차지하는 비율을 말한다. • 소비의 크기가 어느 정도인지에 따라서 내수 크기를 가늠할 수 있어 경기를 예측할 수 있다.
저축성향	• 가처분소득 중 저축이 차지하는 비율을 말한다. • 세금과 이자 등을 제외하고 개인이 쓸 수 있는 모든 소득(가처분소득) 가운데 소비 지출에 쓰고 남은 돈의 비율이다. • 투자의 재원이 되어 저축의 크기가 어느 정도인지에 따라 투자가 늘어날지 줄어들지를 판단할 수 있다. • 저축성향이 지나치게 높은 경우에는 소비 부진 등에 따른 내수경제 침체로 이어질 수 있다.

(4) 생애주기별 소득 및 저축 구조

돈을 벌 수 있는 시기는 한정되는 경우가 많지만, 소비 생활은 평생에 걸쳐 이루어지기 때문에 생애주기에 따른 경제생활의 가장 큰 특징은 수입과 지출이 서로 다르다는 것이다.

[생애주기별 소득 및 지출곡선]

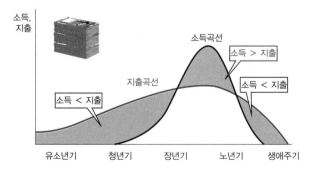

① 출생부터 유·소년기

소득보다 지출이 많은 시기로 주로 부모의 소득으로 생활한다. 소득을 얻지 못하고 소비만 하는 시기로 소비성향은 1 이상이고 저축성향은 (−)에 해당한다.

② 성년기(청년기, 장년기)

청년기에는 소득과 지출이 모두 적지만, 점차 장년기로 가면서 소득이 높아진다. 이때는 '0 < 소비성향'이며, '저축성향 < 1'으로 저축성향이 (+)이다.

③ 노년기

은퇴로 소득이 중단된 시기로 예금이나 보험 등으로 소비생활을 할 수 있다. 소득이 줄어들기 때문에 소비성향은 1 이상이고 저축성향은 (−)이다.

② 가처분소득에 영향을 미치는 요인

(1) 의 의

가처분 소득에 영향을 미치는 가장 큰 요인은 비소비지출이다. 총소득이 많더라도 비소비지출이 많다면 상대적으로 가처분소득이 줄어들기 때문이다. 비소비지출에는 세금·사회보장비, 기타 비소비지출(예 이자, 도난금, 분실금 등)이 있다.

(2) 세 금

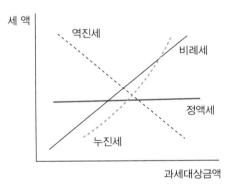

정액세	소득이나 과세대상 금액과 상관없이 모든 사람이 동일한 세액을 내는 세금이다.
비례세	소득이나 과세대상 금액과 상관없이 동일한 비율(%)을 적용하는 세금이다.
역진세	소득이나 과세대상 금액이 증가할수록 세율이 낮아지는 세금이다.
누진세	소득이나 과세대상 금액이 증가할수록 적용되는 세율이 높아지는 세금이다.

(3) 사회보장비

① 국민연금

공적 연금 제도로 노령, 장애 또는 사망 시에 연금급여를 실시하여 국민의 생활 안정과 복지 증진을 도모한다.

② 건강보험

상해, 질병 등의 보험 급여를 통해 고액의 진료비가 가계에 과도한 부담이 되는 것을 방지한다.

③ 고용보험

근로자의 실직 시 생활안정을 위한 실업급여사업과 함께 구직자의 재취업 등 직업능력개발사업을 시행하는 사회보험이다.

④ 산재보험

산업재해가 발생한 경우 치료비, 사망 보험금을 지급하는 보험이다.

(4) 대출이자

전세대출, 주택담보대출 등 은행으로부터 예금을 빌리고 매달 그 대가로 내는 이자를 말한다. 대출이자가 높아질 경우 가처분소득 역시 줄어든다.

01 다음은 A국과 B국의 저축률을 비교한 것이다. 이를 근거로 경제동향을 해석한 내용으로 옳지 않은 것은?

금융-분석력

A국	A국의 올해 가처분소득 대비 저축률은 4.4%로 글로벌 금융위기가 발생한 2008년(4.3%) 이후 가장 낮은 수준을 기록했다. 또한 저축률은 하락했으나 소비자 지출은 0.9% 늘어났다.
B국	B국의 올해 가계저축률이 10% 수준으로 상승하여 1997년 IMF 사태 이후 가장 높은 수준을 기록할 것이란 전망이 나왔다. 이는 6.0%를 기록한 지난해 가계저축률 대비 4.0%포인트 높은 수치다.

① A국 국민들은 소비성향이 저축성향보다 높다고 할 수 있다.

② B국 국민들은 저축성향이 소비성향보다 높다고 할 수 있다.

③ A국의 저축률 하락은 사람들이 소비를 유지하기 위해 저축을 줄인 결과라고 할 수 있다.

④ B국의 국민들의 저축성향이 장기화되면 소비 부진으로 이어질 수 있다.

⑤ A국은 저축률이 낮아졌지만 활성화된 소비로 인해 투자가 늘어날 수 있다.

해설

⑤ 투자의 재원으로 보는 것은 저축이다. 소비가 느는 것은 내수경제의 활성화로 볼 수 있지만 그 자체로 투자가 늘어난다고 보는 것은 아니다.

① A국 국민들은 저축률이 하락했으므로 소비성향이 저축성향보다 높다고 할 수 있다.

② B국 국민들은 가계저축률이 전년대비 4% 상승하였으므로 저축성향이 소비성향보다 높다고 할 수 있다.

③ A국의 저축률 하락과 관련해 물가가 뛰었으나 국민들은 소비를 줄이지 않은 결과라고 볼 수 있다. 저축률은 하락했으나 소비자 지출은 0.9% 늘어났기 때문이다.

④ B국의 높은 저축성향이 지속적으로 이어질 경우에는 소비 부진 등에 따른 내수경제 침체로 이어질 수 있다.

정답 ⑤

02 다음은 누진세를 채택하고 있는 A국의 소득세율을 도표로 나타낸 것이다. 이를 해석한 내용으로 옳지 않은 것은?(단, 사회보장비는 소득의 5%이다)

금융-분석력

소 득	0~2,000만원 미만	2,000만원 이상~ 4,000만원 미만	4,000만원 이상
비 율	0%	10%	20%

① 소득이 1,000만원인 A국 국민이 납부해야 할 소득세는 없다.

② 소득이 2,000만원인 A국 국민의 가처분소득은 1,700만원이다.

③ 소득이 3,000만원인 A국 국민은 300만원을 소득세로 납부해야 한다.

④ 소득이 3,000만원에서 4,000만원으로 증가하더라도 일정한 세금을 납부한다.

⑤ 소득이 2,000만원인 A국 국민은 사회보장비로 100만원을 납부해야 한다.

해설

누진세를 적용하고 있어 만약에 소득이 3,000만원이던 A국 국민이 4,000만원 이상으로 소득이 오르면 그만큼 소득세율도 10%에서 20%로 상승한다.

정답 ④

03 다음은 생애주기별 소득 및 지출곡선이다. 이를 보고 분석한 내용으로 옳은 것은?

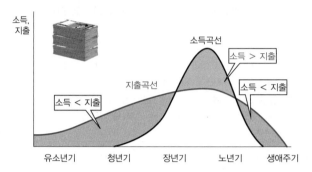

① 유소년기에는 소비와 소득이 둘 다 늘어난다.

② 청년기에 들어서면서 소득이 소비를 앞지른다.

③ 장년기에는 저축성향이 1보다 크다.

④ 장년기에는 소비성향이 1보다 크다.

⑤ 노년기의 누적저축액이 가장 많다.

해 설 ....

① 유소년기에는 소득보다 지출이 많은 시기이다.

② 청년기는 소득과 지출이 모두 적지만, 점차 장년기로 가면서 소득이 높아진다.

④ 장년기에는 '0 < 소비성향'이다.

⑤ 은퇴로 소득이 중단된 시기로 연금 등이 없다면 기존에 가진 저축액을 사용해야 하기 때문에 저축액이 줄어든다. 장년기에서 노년기로 넘어가는 시점이 누적저축액이 가장 많다.

정답 ③

1 의 의

지출은 총소득에서 빠져나가는 비소비지출이 이루어지고, 그 후 가처분소득 중에서 소비할 것인지 저축할 것인지를 결정하면서 이루어진다. 이 때 지출의 대부분을 이루는 것은 소비지출이다. 따라서 가처분소득의 여러 요인들을 고려하여 현재의 소비와 미래의 소비 또는 저축에 대해 합리적으로 배분하는 것이 중요하다.

2 가계의 총지출

(1) 가계지출의 구성

① 가계지출

가계의 총지출 중 가계지출은 소비지출과 비소비지출로 구성된다.

② 소비지출

일상생활에서 필요한 상품과 서비스를 구입하기 위해 가계에서 지불한 모든 지출(예 현금, 카드 및 상품권 등)을 말한다.

③ 비소비지출

조세, 공적연금, 사회보험 등 고정적으로 지출되며 가구의 자유의지가 들어가지 않는 지출과 소비지출에 포함시킬 수 없는 이전지출을 말한다.

④ 기타지출

가계지출 이외의 지출로서 자산감소로 인한 수입이나 부채증가로 인한 수입이 해당한다. 재산상의 형태가 변함으로써 이뤄지는 현금지출이다.

(2) 가계의 소비지출의 구성

① 가계의 소비지출은 가구원이 생활을 위해 필요한 재화 등을 사용하기 위해 지출하는 비용이다.

② 대표적으로 식료품비, 주거비, 수도비, 교육비, 통신비, 교통비 등이 있다.

❸ 가계소비 주요 요인

(1) 소 득

가구의 실질적인 자산의 증가를 가져오는 것을 소득이라고 하며, 소득이 많거나 적은 정도에 따라서 가계의 소비가 증가할지 줄어들지 예측할 수 있다.

(2) 실질자산 가치의 변동

실질가치는 권장소비자 가격이라고도 부르는 것으로 명목가치에 대해 상대적으로 부동산 임대료 상승, 주가 하락, 물가 상승 등 자산가치의 변동을 고려한 가치이다. 즉 가계의 실질자산의 가치가 하락한다면 당연히 소비도 줄어들게 된다.

(3) 금리(이자율)

금리가 내려가면 자금 조달비용이 낮아지기 때문에 현재소비가 증가한다. 반대로 금리가 올라가면 저축이 증가하면서 자연스럽게 미래소비는 증가하지만 현재소비는 감소한다.

(4) 경기전망

한국은행에서 매월 발표하는 소비자동향지수(CSI) 등을 통해 향후 경제상황이나 전망에 대해 긍정적 또는 부정적 영향을 예측한다. 소비자동향지수는 100을 기준으로 0에서 200까지의 값을 갖는다. 이 지수가 100 이상일 경우에는 긍정적 답변을 한 소비자가 부정적인 답변을 한 소비자보다 많다는 의미이고 100 이하의 경우는 그 반대를 의미한다.

예상문제

01 가계소비의 현재소비가 증가하는 요인으로 옳지 않은 것은? 금융-지식

　　① 가구원의 총소득이 증가하였다.
　　② 물가가 하락하였다.
　　③ 주가가 하락하였다.
　　④ 소비자동향지수가 111을 기록하였다.
　　⑤ 금리가 하락하였다.

　해 설
주가 하락은 가계의 실질자산의 가치가 하락한 것으로 소비도 줄어들게 된다. 가계총소득의 증가는 저축을 증가하게 되는 요인이 될 수도 있지만 실질적인 자산의 증가는 현재소비의 증가라는 긍정적 요인으로 작용한다. 또한 물가 · 금리의 하락은 자금 조달비용이 낮아지기 때문에 현재소비가 증가하는 요인이 될 수 있다.

　정 답　③

CHAPTER

03 저축과 투자

01 | 저축과 금리

1 저축

(1) 의 의

① 개 념

저축은 '돈을 모으는 것'이다. 소득에서 소비하지 않고 남긴 부분에 대해서 현재의 소비에서 얻을 수 있는 만족을 미래로 이전하여 미래를 대비하는 것이라고도 할 수 있다.

② 목 적

예정된 날에 원금과 이자를 회수하여 계획했던 미래소비에 사용하는 것이다.

> **더 알아보기 ▶ 가계저축률**
>
> 저축률이란 저축을 가처분소득으로 나눈 값을 백분율로 표시한 것이다. 가계저축률은 국민계정에서 개인부문의 저축성향과 재정상태를 반영하는 지표이다. 저축은 가계의 자산 증감에 직접적인 영향을 주기도 하지만, 투자의 재원으로서 장기적으로는 경제성장에도 영향을 미칠 수 있다. OECD 주요 국가의 가계저축률을 보면 다음과 같다.
>
> | 한 국 | 프랑스 | 독 일 | 스웨덴 | 일 본 | 헝가리 | 이탈리아 |
> |---|---|---|---|---|---|---|
> | 11.6% | 15.7% | 16.1% | 17.1% | 12.1% | 10.5% | 10.2% |
>
> ※ 출처 : OECD, 2021

(2) 저축의 중요성

개인 차원	국가·기업 차원
• 확실한 미래 현금흐름이 보장된다. • 투자의 재원이 되는 역할을 한다. • 안정적인 가계 운영을 할 수 있다.	• 금융기관의 예금액을 통해 기업의 투자, 생산을 증가시킨다. • 외국 빚 상환, 해외 투자 등이 가능하다.

② 저축상품

(1) 저축상품의 종류

저축상품은 수익성보다는 안전성과 유동성을 중점에 둔 금융상품이다. 저축은 그 목적에 따라 입출금이 자유로운 보통예금, 목돈을 마련하기 위한 정기적금, 정기예금 등 다양한 상품이 있다.

(2) 요구불예금

① 보통예금

거래대상, 예치금액, 예치기간, 입출금 횟수 등에 아무런 제한 없이 누구나 자유롭게 거래할 수 있는 예금이다. 수시로 입출금이 가능하여 현재 소유한 금전의 여유분이 조만간 필요할 때 저축하는 방식이다. 대신 이자율이 낮은 편이다.

② 당좌예금

저축을 목적으로 하는 일반예금과 달리 당좌예금은 당좌수표 또는 약속어음을 발행하여 수시로 입출금을 하는 요구불예금이다. 예금자가 수표를 발행하면 은행이 어느 때나 예금액으로 그 수표에 대한 지급을 하는 방식이다. 따라서 가입 자격은 금융기관이 정하는 일정 자격을 갖춘 법인 또는 사업자등록증을 갖춘 개인이 된다.

③ 가계당좌예금

가계당좌예금의 자격은 금융기관이 정하는 일정 자격을 갖춘 개인 또는 개인 사업자라는 점이 당좌예금과 다르다. 또한 일반 당좌예금과 달리 개설보증금이 필요 없으며 예금이자가 지급된다.

(3) 저축성예금

① 정기예금

예금자가 원리금과 예금이자를 받을 목적으로 일정 기간을 정하여 금액을 한꺼번에 맡기고 높은 금리를 적용받는다. 은행에 현재 소유한 금전 여유분에서 필요한 시점을 확정할 수 있을 때의 저축 방식이며, 상대적으로 요구불예금보다 수익성이 높다. 정기예금에 양도성을 부여한 거치식예금으로 양도성예금증서(CD ; Certificate of Deposit)가 있다.

② 정기적금

미래에 목돈을 마련하기 위해서 매달 소득의 일부를 절약하여 정기적으로 저축하고 만기 시에 계약 금액을 지급하는 방식이다. 중도 해지 시에는 만기 때 받을 이자보다 적게 수령하게 된다.

③ 장기저축상품

주택청약종합저축, 연금저축 등이 대표적이다. 장기저축상품의 특징은 복리식 이자지급과 10년 이상 유지했을 때 비과세혜택, 연말정산에서 세제혜택 등이 있다.

❸ 금리(이자율)

(1) 의 의

① 개 념

이자는 돈을 빌려주거나 남에게 돈을 빌려 쓴 대가로 치르는 일정한 비율의 돈을 말한다. 여기서 '일정한 비율'이 바로 금리(이자율)이다.

② 목 적

현재소비를 억제하는 대신에 받는 대가이다.

(2) 금리변동의 요인

금리는 수요와 공급에 의해서 결정된다. 수요가 공급보다 많으면 금리는 올라가고 공급보다 수요가 적으면 금리는 떨어진다. 그 외에도 외국의 금리변동, 경제상황, 물가, 경기 동향 등 다양한 요인에 의해 변동된다.

[금리변동에 따른 경제의 흐름]

(3) 이자계산법

① 단 리

일정 시기의 원금에만 약정한 이율을 적용하여 이자를 계산하는 방법이다. 원금에만 이자가 발생한다는 가정하에 단리계산은 다음과 같다.

$$단리의\ 이자 = 원금 \times 이자율 \times 기간$$
$$단리의\ 원리금 = 원금 \times (1 + 이자율 \times 기간)$$

② 복 리

말 그대로 이자에 이자가 붙는다는 뜻이다. 따라서 원금과 이자가 재투자된다는 가정하에 복리계산은 다음과 같다.

$$복리의\ 이자 = 원금 \times (1 + 이자율)^{기간} - 원금$$
$$복리의\ 원리금 = 원금 \times (1 + 이자율)^{기간}$$

③ 72의 법칙

복리를 계산할 때 원금이 두 배가 되는 시기를 알아볼 수 있는 법칙이다. 그 공식은 다음과 같다.

$$72/이자율(\%) = 원금이\ 두\ 배가\ 되는\ 기간$$

⊕ 알아보기 ▶ 이자의 할인율과 수익률

• 할인율 : 은행 예금·대출, 증권 투자 등에 이자율을 먼저 적용한 것으로 현재가치 금액에 대한 선이자의 비율을 말한다. 화폐의 현재가치를 따질 때 할인율을 사용한다.

$$현재가치 = 미래의\ 화폐금액 / (1 + 할인율)^{기간}$$

• 수익률 : 은행 예금·대출, 증권 투자 등에 이자율을 나중에 적용한 것으로 현재 투자하는 금액에 대한 이자의 비율이다.

$$\frac{수익}{투자액} \times 100(\%)$$

4 금리의 종류

(1) 예금금리와 대출금리

① 예금금리

예금자가 금융기관에 돈을 예금하고 금융기관에 지급받는 금리이다. 예금자가 은행에 예금하면 은행은 이를 기업에 대한 투자 또는 개인의 대출금 등에 사용한다. 따라서 예금자의 예금을 사용한 일종의 대가로 은행은 예금금리를 지급하고, 예금자는 현재소비에 사용하지 않고 이를 참은 것에 대한 보상으로 예금금리를 받는다.

② 대출금리

대출자가 금융기관에 돈을 빌리고 금융기관에 지급하는 금리이다. 동일한 돈이라 하더라도 대출금리는 대출자의 개인별 특성(대출기간, 신용도, 거래실적, 담보 여부 등)에 따라 대출이자율이 달라진다. 같은 금액을 빌리더라도 신용이 높으면 낮은 이자로 빌릴 수 있고 신용이 낮으면 더 높은 이자를 지불해야 한다.

$$대출금리 = 기준이\ 되는\ 금리 + 개인별\ 우대금리나\ 가산금리$$

③ 예금금리와 대출금리의 관계

대출금리가 일반적으로 예금금리보다 높다. 은행의 입장에서는 대출금리란 돈을 돌려받지 못할 가능성(손해)을 염두에 두고 예금금리에 이익을 더해 대출금리를 산정하기 때문이다.

(2) 기준금리와 시장금리

① 기준금리

중앙은행이 경제활동 상황을 판단하여 정책적으로 결정하는 금리이다. 시중에서 결정되는 금리의 기준이 되며, 경제가 과열되거나 물가상승이 예상되면 기준금리를 올리고 반대로 경제가 침체하고 있다고 판단되면 기준금리를 낮춘다. 한국은행은 매월 금융통화위원회를 열어서 경제상황에 대한 검토를 거쳐 기준금리를 발표하고 있다.

② 시장금리

시장에서 결정되는 금리로 자금 거래상황에 따라 수시로 변동되는 금리를 말한다. 한국은행의 기준금리에 가산금리가 더해져 시장금리가 결정된다.

③ 기준금리와 시장금리의 관계

기준금리가 떨어지면 시장금리에도 영향을 미쳐 시장금리의 수준도 떨어진다. 즉, 시장금리의 상승과 하락은 기준금리와 밀접하게 연관되어 있다.

(3) 고정금리와 변동금리

고정금리는 금융상품에 가입한 기간 동안 시중금리가 변하더라도 이미 약정된 금리가 만기까지 유지되는 금리이다. 변동금리는 시중금리가 변할 때마다 계속해서 변하는 금리이다.

돈을 빌린다고 했을 때 금리 상승 시기에는 고정금리를, 금리 하락 시기에는 변동금리를 택하는 것이 이자 부담을 줄일 수 있어 유리하다. 반대로 예금할 때는 금리 상승 시기에 변동금리, 금리 하락 시기에 고정금리를 택하는 것이 유리하다.

(4) 명목금리와 실질금리

① 명목금리

외부로 표현되는 금리이며 물가상승률을 반영하지 않은 금리이다.

② 실질금리

명목금리에서 물가상승률을 뺀 금리이다.

③ 명목금리와 실질금리의 관계

물가가 올라가면 돈의 가치가 떨어지기 때문에 금융자산을 거래할 때는 물가상승 즉, 인플레이션을 고려해야 한다. 실질금리는 명목금리에서 인플레이션 등을 고려한 것이기 때문에 실제로 받은 이자를 알아보기 위해서는 실질금리를 확인해야 한다.

(5) 단기금리와 장기금리

① 단기금리

1년 미만의 단기자금을 대상으로 금융회사나 거래금액이 크고 신용도가 높은 사람들이 거래하는 금융시장에서 결정되는 이자율을 말한다. 단기금리는 주로 콜금리나 환매조건부채권(RP ; Repurchasing Agreement)의 수익률, 양도성예금증서(CD ; Certificate of Deposit)의 수익률이 기준이 된다.

② 장기금리

1년 이상의 채권(국채, 회사채, 금융채 등)의 수익률이 거래의 기준금리로 이용된다. 대체로 장기금리가 단기금리보다 높다.

③ 단기금리와 장기금리의 관계

중앙은행이 기준금리를 변동시키면 금융시장에서 단기금리가 같은 방향으로 움직이고, 이어서 장기금리도 조정된다.

예상문제

01 A는 다음의 예금상품을 가입하였다. A가 만기 시 지급받을 원리금으로 옳은 것은?

금융-사고력

원리금(원)	만 기	이자율(%)	이자계산법
1,000,000	3년	4	단 리

① 1,000,000원 　　　　　　　② 1,100,000원

③ 1,110,000원 　　　　　　　④ 1,120,000원

⑤ 1,125,000원

해설
- 단리의 이자 = 원금 × 이자율 × 기간
- 단리의 원리금 = 원금 × (1 + 이자율 × 기간)
∴ 1,000,000원 × {1 + (0.04 × 3)} = 1,120,000원

정답 ④

02 B는 다음의 예금상품을 가입하였다. B가 만기 시 지급받을 이자로 옳은 것은?(단, 소수점 이하 자릿수는 버린다) 금융-사고력

원리금(원)	만 기	이자율(%)	이자계산법
1,000,000	1년	2	복 리

① 195,618
② 268,241
③ 516,786
④ 632,333
⑤ 7,916,100

해 설

- 복리의 이자 = 원금 × $(1 + 이자율)^{기간}$ − 원금
- 복리의 원리금 = 원금 × $(1 + 이자율)^{기간}$
- 1,000,000원 × $(1 + 0.02)^{12}$ − 1,000,000원 = 268,241원

정답 ②

03 정기예금에 양도성을 부여한 거치식예금에 해당하는 저축상품으로 옳은 것은? 금융-지식

① CD
② CMA
③ MMF
④ MMDA
⑤ IRP

해 설

① CD : 양도성예금증서로 'Certificate of Deposit'의 앞 글자를 딴 것이다.
② CMA : 자산관리계좌로 'Cash Management Account'의 앞 글자를 딴 것이다.
③ MMF : 초단기 금융상품 중 하나로 'Money Market Fund'의 앞 글자를 딴 것이다.
④ MMDA : MMF의 단점을 보완해 수시입출금식 저축성예금으로 적용되는 금융상품으로 'Money Market Deposit Account'의 앞 글자를 딴 것이다.
⑤ IRP : 연금저축으로 개인형 퇴직연금이라는 뜻의 'Individual Retirement Pension'의 앞 글자를 딴 것이다.

정답 ①

🔳 투자의 개념

(1) 의 의

① 사전적 정의(표준국어대사전)

이익을 얻기 위하여 주권, 채권 따위를 구입하는 데 자금을 돌리는 일을 말한다.

② 일반적 정의

미래가치가 상승할 것으로 예측되는 상품이나 물품 등에 대하여 일정 기간 현재가치를 희생하여 정상적인 가격변동을 통한 이익(수익) 획득을 목적으로 하는 일을 말한다.

③ 필요성

개인의 이익을 얻을 수 있을 뿐만 아니라, 기업의 자금이 원활히 조달되어 사회 전체적으로 가치가 창출되는 행위이다.

(2) 투자와 저축, 투기

① 투자와 저축

구 분	투 자	저 축
공통점	• 이익을 추구한다. • 미래가치를 위해 현재가치를 희생한다.	
차이점	• 자산운용 관점에서 자금의 소유 입장을 띤다. • 불확실성이 수반된 수익률(Rate of Return)이 발생한다. • 원금을 손실할 위험(Risk)이 있지만, 기대수익이 높다. 예 주식 등 투자상품	• 자산운용의 관점에서 자금의 대여 성격을 띤다. • 확정된 이자율의 보장을 받는다(불확실성이 거의 없다). • 위험(Risk)과 기대수익이 낮다. 예 예금 등 저축상품

② 투자와 투기

구 분	투 자	투 기
공통점	• 이익을 추구한다.	
차이점	• 생산 활동을 통한 이익을 추구한다. • 경제에 선순환을 이끌어낸다. • 플러스섬 게임(Plus-sum Game)이다. 예 실제 공장을 짓기 위해 부동산을 구매하는 행위	• 생산 활동과 관계없는 이익을 추구한다. • 경제에 악영향을 미친다. • 제로섬 게임(Zero-sum Game)이다. 예 시세차익을 목적으로 부동산을 구매하는 행위

제로섬 게임이란 한쪽의 이득과 다른 쪽의 손실을 합하면 '0(Zero)'가 되는 게임을 말한다. 한쪽이 이득을 얻으면 그 총량만큼 상대는 반드시 손해를 얻는 구조로, 반대로 상대의 손해는 자신의 이득으로 오게 된다. 그에 반해 플러스섬 게임은 상대방과 자신 양쪽 다 이득을 얻는 선순환의 상태를 말한다.

한편 '겁쟁이 게임'이라고도 일컫는 '치킨 게임'은 둘 중 한쪽이 포기하지 않으면 공멸하고, 둘 중 한쪽이 포기하면 다른 쪽이 승리하지만 공멸은 하지 않는 상황을 말한다. 1950년대 미국에서 젊은이들이 서로를 향해 차를 몰아 돌진했던 게임에서 유래한 이름이다. 경제뿐 아니라 정치 분야에서도 많이 언급된다.

2 투자의 특성

(1) 투자의 3원칙

① 수익성

투자한 금융 자산으로부터 얻는 이익 또는 투자 시 수익률에 대한 기대 가능한 정도를 말한다. 수익성이 높은 경우는 일반화는 어렵지만 위험도도 높다고 판단할 수 있다.

② 안전성

투자 위험도가 얼마나 큰지, 자신이 투자한 금융 자산의 가치를 안전하게 보호될 수 있는지를 판단하는 정도를 말한다. 원금이 손해 볼 가능성이 높다면 해당 투자는 안정성이 낮다고 할 수 있다.

③ 유동성

보유하고 있는 자산을 현금으로 쉽게 바꿀 수 있는지를 의미한다. 자금 회수(현금화)가 빠르게 가능한 정도라고 해서 '환금성'이라고도 한다.

④ 적용

투자의 3원칙을 주식, 부동산, 채권의 관점에서 보면 다음과 같다.

구 분	수익성	안정성	유동성
주 식	높음	낮음	높음
부동산	높음	높음	낮음
채 권	낮음	높음	높음

(2) 투자의 위험성

① 체계적 위험성

통제할 수 없는 위험으로 전체적인 시장상황과 관련되어 있다. 정부의 정책 기조 변화나 시장금리 변동 등 전체 주식 시장의 분위기에 영향을 미치는 위험이다.

② 비체계적 위험성

개별적으로 영향을 끼치는 위험으로 이는 분산을 통해서 위험을 줄일 수 있다. 회사의 부정부패로 인한 이슈, 소송 등이 주가에 영향을 미치는 경우이다.

③ 직접투자와 간접투자

(1) 직접투자와 간접투자의 개념

① 직접투자

자금이 필요한 기업이나 기관의 유동성 자산, 주식, 채권을 투자자 자신이 직접 사고파는 경우를 말한다. 이 경우 주식 배당금, 채권 이자 수익 등의 수익금을 투자자가 직접 획득할 수 있다. 그러나 직접투자 방식은 투자에 대해 스스로 분석과 결정을 내려야 하므로 상당한 수준의 경제적 식견과 실제경험이 필요하다.

② 간접투자

자금이 필요한 기업이나 기관의 유동성 자산, 주식, 채권을 금융기관을 통해서 가입하여 간접적으로투자하는 경우를 말한다. 투자전문가에게 돈의 운용을 맡기는 방식이기 때문에 투자자산전문가를 간접고용하는 효과가 있으며 직접투자보다 정보나 수익면에서 유리하다.

③ 직접투자와 간접투자의 비교

구 분	직접투자	간접투자
방 법	• 소액의 개인투자 방식이다. 예 증권사 종합계좌 가입, 은행 주식거래저축 예금 가입 • 투자자 자신이 자산 운용주체이다.	• 거액의 공통투자 방식이다. 예 증권회사나 투자신탁회사의 수익증권, 뮤추얼 펀드 등 가입 • 투자상품, 운용주체를 선정하면 된다.
장 점	• 매매시점 및 종목선택이 적중한다면 단기 고수익이 가능하다. • 상대적으로 저렴한 투자 및 거래비용이 특징이다.	• 포트폴리오를 통한 분산투자 효과로 위험관리가 체계적이다. • 펀드 명의로 주식을 매입하기 때문에 수익자의 신분이 노출될 우려가 낮다.
단 점	• 개인투자자의 경우 종목선택을 위한 정보분석 능력이 미흡하다. • 포트폴리오를 통한 분산투자 효과를 기대하기 어렵다. • 위험관리가 취약하다.	• 운용자의 선택에 따라 수익률의 차이가 발생할 수 있다. • 거래비용(선취 판매 수수료, 판매 보수 등)이 높은 편이지만 대신 공동투자로 비용이 절감된다.

더 알아보기 ▶ 포트폴리오(Portfolio)

금융에서 포트폴리오는 자료수집철 또는 작품집이라는 일반적 의미와 달리 금융 회사나 개인이 보유하고 있는 금융 자산의 목록을 뜻하는 말로 사용된다. 이를 주식시장에서는 '포트폴리오를 구성한다'라는 표현을 하며, 이 뜻은 투자위험을 줄이기 위해 다양한 상품에 분산투자를 한다는 개념이다. 투자의 3원칙을 모두 고려하는 경우 포트폴리오 투자를 선호한다.

4 직접투자상품

(1) 주 식

① 의 의

주식회사가 투자자에게 발행한 출자증권을 말한다. 회사 소유자라는 증표로 발행한 것이므로 이를 보유한 주주는 주식 보유수에 따라 회사의 순이익과 순자산에 대한 지분청구권을 갖는다.

② 주주의 유한책임원칙

주주는 주주평등의 원칙에 따라 주주가 갖는 주식 수에 따라 평등하게 취급되므로 보유한 주식 지분만큼의 권리와 책임을 갖게 된다. 주식회사 주주는 유한책임을 원칙으로 하므로 출자한 자본액의 한도 내에서만 경제적 책임을 지게 된다. 따라서 출자한 회사가 파산하여 갚아야 할 부채가 주주 지분 이상이 되더라도 주주는 지분가치를 초과한 부채에 대해 책임을 지지 않는다.

③ 자익권과 공익권

㉠ 자익권 : 주주 개인의 이익을 위하여 인정되는 권리로 그 예는 다음과 같다.

- 이익배당청구권 : 회사의 이익에 대해 지분에 따라 그 이윤을 배당을 받을 권리
- 잔여재산 분배청구권 : 회사가 청산될 경우 남은 재산(부채 제외)에 대해 분배를 받을 권리
- 신주인수권 : 회사가 신주를 발행할 경우 우선적으로 신주를 인수할 수 있는 권리
- 그 외 : 주권교부청구권, 명의개서청구권, 주식전환청구권 등

㉡ 공익권 : 회사 전체의 이익과 관련하여 행사하는 권리로 그 예는 다음과 같다.

- 의결권 : 주주총회에서 이사선임 등 주요 안건에 대한 의결에 지분 수에 비례하여 참여할 수 있는 권리
- 회계장부열람청구권 : 회계장부와 관련된 주요 정보의 열람을 청구할 수 있는 권리
- 이사해임요구권 : 일정 수 이상의 주주의 동의를 얻어 이사의 해임을 요구할 수 있는 권리
- 주주총회소집요구권 : 일정 수 이상의 주주의 동의를 얻어 임시 주주총회 소집을 요구할 수 있는 권리
- 그 외 : 감자무효판결청구권, 합병무효판결청구권, 총회결의취소판결청구권 등

④ 보통주(Common Stock)와 우선주(Preferred Stock)

보통주	특별주식에 대립되는 일반적으로 표준이 되는 주식이다. 주주평등의 원칙에 따라 평등하게 배당을 받게 된다. 따라서 보통주주는 주식 1주당 1개의 의결권을 행사할 수 있다.
우선주	이익배당, 잔여재산 분배에 관해 보통주보다 우선적 지위가 인정되는 주식이다. 보통주에 우선하여 회사의 이익에 대해 배당을 받고, 또한 회사가 해산될 경우 잔여재산의 분배 등에 우선권을 가지게 된다. 그러나 우선주주는 보통주주가 가진 의결권이 포함되지 않는다.

(2) 코스닥(KOSDAQ)과 코스피(KOSPI), 코넥스(KONEX)

① 코스닥(KOSDAQ)

IT(Information Technology), BT(Bio Technology), CT(Culture Technology)기업과 벤처기업의 자금조달을 목적으로 1996년 7월 개설된 첨단 벤처기업 중심 시장이다.

② 코스피(KOSPI)

우리나라 대표 유가증권시장으로 유가증권시장의 주가지수를 코스피지수, 유가증권시장을 코스피시장이라고 부른다. 코스피지수는 시가총액식 주가지수로 1980년 1월 4일 시가총액을 기준시점으로 현재의 지수를 산출하고 있다(기준지수 100).

$$KOSPI = \frac{비교시점의\ 시가총액}{기준시점의\ 시가총액} \times 100$$

③ 코넥스(KONEX)

자본시장을 통한 초기 중소ㆍ벤처기업의 성장지원 및 모험자본 선순환 체계 구축을 위해 개설된 초기ㆍ중소기업전용 신시장이다.

④ 코스닥과 코스피, 코넥스 요건 비교

구 분	코스닥	코스피	코넥스
시장규모	• 첨단 벤처기업 중심 시장	• 자기자본 300억원 이상 유가 시장	• 초기 중소기업 시장
상장요건	• 자기자본 30억원 이상 • 시가총액 90억원 이상 • 영업 활동 기간 3년 이상 • 소액주주 500명 이상 • 매출액 5~100억원 이상	• 자기자본 300억원 이상 • 영업 활동 기간 3년 이상 • 최근 매출액 1천억원 이상 • 3년 평균 매출액 700억원 이상 • 일반주주 700명 이상 • 상장주식 수 100만주 이상	• 자기자본 5억원 이상, 매출액 10억원 이상, 순이익 3억원 이상 중 1가지 요건 충족

(3) 주식시세표

[주식시세표 예(유가증권의 경우)]

구 분	종목명	코드번호	종 가	등 락	거래량	고 가	저 가
통신업	A텔레콤	000001d	16,800	▲500	59,847	16,900	16,700
	B통신	000002b	11,000	0	6,780	10,000	9,880
섬유의복	C물산	000003d	5,390	▼200	36,521	5,400	5,220
	D패션	000004c	3,550	▼50	15,489	3,440	3,330

① 코드번호

0으로 시작하는 여섯 자리 주식고유번호로 옆에 알파벳이 붙는다. 종목코드를 통해 비슷한 이름의 회사를 구분할 수 있다.

② 종가, 시가

종가는 쉽게 주식이 종료되는 시간의 1주당 주식 가격을 말한다. 시가는 그 반대로 주식이 시작되는 가격이다.

③ 등 락

주가가 전날보다 오를 경우 '▲'로 표기하고, 반대로 떨어질 경우 '▼'로 표기한다. 0은 이틀 전의 종가와 비교하여 전날의 종가에 변화가 없는 경우를 나타낸다.

④ 거래량

거래소 안에서 매매 거래가 성사된 주식수를 말한다. 예를 들어 매도 100주, 매입 100주인 경우 거래량은 100주이다.

⑤ 고가, 저가

고가는 장중에 거래된 최고가, 반대로 저가는 장중에 거래된 최저가를 말한다.

금융

더 알아보기 ▶ 서킷브레이커(Circuit Breakers), 사이드카(Sidecar), 데드크로스(Dead-cross)

• 서킷브레이커 : 주식시장에서 주가변동 폭이 10%를 넘어서고 그 상태가 1분간 지속될시 주식매매를 20분간 중단시키는 제도를 말한다. 1987년 10월 미국에서 주가대폭락 사태 '블랙먼데이(Black Monday)'를 겪은 후 도입된 제도이다. 1일 1회만 발동 가능하며 장 종료 40분 전부터는 발동 불가능하다.
• 사이드카 : 선물가격이 전일종가 대비 5%(코스닥의 경우 6%) 이상 변동되고 1분간 지속될시 발동되어 프로그램 매매호가 효력이 5분간 정지되는 제도를 말한다. 1일 1회만 발동 가능하며 장 종료 40분 전부터는 발동 불가능하다.
• 데드크로스 : 주가의 단기이동평균선(5일, 10일, 20일간의 주가평균치 연결선)이 중장기이동평균선(60일, 120일간의 주가평균치 연결선)을 아래로 뚫고 내려가는 현상을 말한다. 반대로 위로 뚫고 올라가는 경우는 골든크로스(Golden Corss)라고 부른다.

(4) 채 권

① 개 념

기업이나 정부, 지자체 등이 대규모 자금을 조달하면서 정해진 날짜에 원금과 이자를 갚겠다고 약속한 증권으로 일종의 차용증서이다.

㉠ 액면가 : 만기일에 상환하기로 한 원금을 말한다.

㉡ 만기일 : 원금 상환일을 말한다.

㉢ 액면(표면)이자율 : 만기일까지 매기마다 지급하기로 한 이자율이다(이자액 = 액면가 × 액면이자율).

㉣ 잔존기간 : 매입 또는 매도한 날부터 원금 상환일까지의 기간을 말한다.

구 분	주 식	채 권
존속기간	영구적	한시적(만기일 존재)
발행자	주주회사	정부 · 지자체 · 특수법인 · 회사
소유자의 지위	주 주	채권자
자금조달방법	자기자본	타인자본
원금상환	의무 없음	만기 시 원금상환
이익형태	배당 · 가변적 (이익이 많을수록 배당 높아짐)	이자 · 확정적 (정해진 이자만 받음)
경영권	경영 참여 가능	경영 참여 불가능

② 채권의 종류

국 채	국고채	국가의 예산에 필요한 자금을 공급하기 위하여 발행되는 채권
	재정증권	국고에 있는 돈을 넣고 빼는 출납과 통화금융정책을 효율적으로 수행하기 위해 발행하는 국채
	국민주택채권	국민들의 주택자금 지원을 위하여 발행하는 채권
	외국환평형 기금채권(외평채)	환율안정에 필요한 자금을 마련하기 위해서 발행하는 채권
지방채		• 지방자치단체가 발행하는 채권 　예 지역개발공채, 도시철도공채 등 • 국채보다 발행규모가 작고 신용도 · 유동성이 상대적으로 낮음
특수채		• 특별법인이 발행하는 채권 한국토지공사 · 한국도로공사 등 　예 한국전력공사채권, 통화안정증권, 산업금융채권, 토지개발채권, 중소기업금융채권 등 • 회사채에 비해 안전하고 국채에 비해 수익성이 높음
회사채		• 회사에서 자금을 마련하기 위해 발행하는 채권

③ 채권 가격과 수익률 계산

채권가격계산은 미래의 현금흐름을 현재가치로 평가하는 방법으로 여기서 할인율은 채권의 시장수익률이 된다.

$$P = \frac{C}{(1+r)} + \frac{C}{(1+r)^2} + \cdots + \frac{C+F}{(1+r)^n}$$

※ C : 액면(표면)이자, F : 액면가액
　r : 할인율, n : 만기일

④ 채권투자시 유의하여야 할 위험

　㉠ 채무불이행 : 기업이 파산하는 등 원금을 받게 되지 못하는 상황이 생길 수 있다.

　㉡ 인플레이션 : 채권 상환 기간은 긴 편이기 때문에 인플레이션이 생길 경우 물가 상승 대비 이자수익이 고정되어 실수익이 마이너스가 될 수 있다.

　㉢ 시장금리(이자율) : 이자금액은 변동되지 않기 때문에 시장금리가 상승할 경우 채권 금리는 상대적으로 낮아져 손해를 보게 된다.

5 간접투자상품

(1) 펀드(Fund)

① 개 념

펀드란 전문가에게 대신 투자를 의뢰하는 간접투자방식으로 다수 투자자에게 신탁받은 자금을 분산투자하고, 여기서 얻은 이익을 배분하는 투자방식이다. 이때 이익은 투자자들의 투자지분에 따라 배분된다.

② 펀드의 종류

　㉠ 자산비율에 따른 종류

증권펀드	• 투자 자산의 50% 이상을 증권에 투자하는 상품
부동산펀드	• 투자 자산의 50% 이상을 부동산에 투자하는 상품
단기금융상품펀드	• 투자 자산 총액을 단기금융상품에 투자하는 상품
특별자산펀드	• 투자 자산의 50% 이상을 특별자산에 투자하는 상품
혼합자산펀드	• 증권, 부동산 등 투자대상자산과 그 투자비율의 제한 없이 투자하는 상품

　㉡ 투자 비중 등에 따른 종류

주식투자 비중	• 주식형 펀드 : 자산 총액의 60% 이상을 주식에 투자하는 상품 • 채권형 펀드 : 주식 없이 자산 총액의 60% 이상을 채권에 투자하는 상품 • 주식 혼합형 펀드 : 자산 총액의 50% 이상, 60% 미만을 주식에 투자하는 상품 • 채권 혼합형 펀드 : 자산 총액의 50% 미만을 주식에 투자하는 상품
투자 방식	• 거치식 펀드 : 목돈을 한꺼번에 넣는 상품 • 적립식 펀드 : 일정 기간마다 일정한 금액을 넣는 상품 • 임의식 펀드 : 초기 투자금을 넣고 이후 수시로 자유롭게 납입하는 상품
투자지역 및 통화	• 국내펀드 : 원화(₩)로 국내자산에 투자하는 상품 • 해외펀드 : 원화(₩)로 해외자산에 투자하는 상품 • 역외펀드 : 외화로 해외자산에 투자하는 상품
투자철학	• 성장주 펀드 : 앞으로 성장할 잠재력이 큰 주식에 집중투자하는 상품 • 가치주 펀드 : 기업실적에 비해 상대적으로 저평가된 주식에 집중투자하는 상품

공격적(적극적) 투자	보수적(소극적) 투자
• 주식형 · 파생상품형 • 성장주 펀드 • 적극적 펀드	• 채권형 · 원금보장형 • 가치주 펀드 • 소극적 · 인덱스 펀드

③ 펀드투자 시 유의하여야 할 사항

ㄱ 원금손실 가능성 : 원금보장형이 아닌 경우라면 펀드는 원금손실이 발생할 수 있다. 또 지급 불능이 된 경우에도 예금보호대상이 되지 않는다.

ㄴ 분산투자 : 해외펀드의 경우 국가리스크가 발생할 수 있고 특정 테마나 산업에 한정될 경우 이에 대한 리스크가 생길 수 있다. 따라서 지역, 테마, 운용회사 등을 분산해서 투자해야 한다.

ㄷ 계약조건 확인 : 펀드수수료 체계는 펀드에 따라 다양하고 환매조건이 다르다. 가입 전에 펀드의 계약조건을 꼼꼼히 봐야 한다.

ㄹ 위험성 확인 : 고수익 펀드에 투자할 경우에는 기대수익률이 높지만, 그만큼 손실가능성도 높아진다.

(2) 수익증권과 뮤추얼 펀드

① 수익증권

고객이 맡긴 자산인 신탁재산을 1개 펀드에 균등한 권리로 분할해 발행하는 것을 말한다. 투자전문대행기관에서 투자자에게 자금을 모아 펀드를 만들고 이를 통해 얻은 수익은 다시 투자자에게 돌려주는 전형적인 간접투자 형태의 상품이다.

② 뮤추얼 펀드

수익증권처럼 투자자에게 자금을 모아 펀드를 만든다는 점에서 같지만, 그 투자 실적에 따라 투자자들에게 투자수익을 배당한다는 점에서 수익증권과 다르다. 뮤추얼 펀드는 상품 그 자체로 주식회사의 성격을 지니는데 주식발행을 통해 투자자를 모집한 뒤 그 수익을 배당금 형태로 되돌려준다.

(3) 기타 펀드

① 인덱스 펀드(Index Fund)

목표지수인 인덱스를 선정하고, 그 지수의 흐름에 맞춰 수익률이 제공되는 펀드를 말한다. 주가지수에 큰 영향을 끼치는 종목들에 주로 편입해 펀드 수익률을 주가지수에 접근하게 하는 상품이다. 주가지수 흐름에 가장 근접한 대표 종목들을 편입해 운용되고 다양한 종목에 분산 투자하므로, 보수는 적지만 위험이 낮아 장기 투자에 적합한 보수적인 투자방법이다.

② 상장지수펀드(ETF ; Exchange Traded Funds)

ⓐ 인덱스펀드의 일종으로 주식시장에서 매매된다. 인덱스펀드는 지수에 투자하는 펀드로 지수에 연동되어 수익률이 제공되는 펀드를 말한다.

ⓑ 펀드의 구성은 해당 지수의 움직임에 맞춰 수익률이 제공되는 것이 일반적이나 레버리지 ETF(변동폭을 해당 지수보다 크게 만든 경우)나 리버스 ETF(해당 지수와 수익이 서로 반대로 움직이면서 발생하는 경우)가 발행되기도 한다.

③ 주가연계증권(ELS ; Equity Linked Securities)

ⓐ 주가변동에 연계해 투자수익이 결정되는 유가증권이다.

ⓑ 발행기관에 따라 기초자산 가격이 상승할 때 일정한 수익을 얻는 구조, 일정한 등락 구간에서만 수익률에 차이가 나는 구조 등 다양한 손익구조를 갖는다.

④ 주가연계펀드(ELF ; Equity Linked Fund)

ⓐ 주가변동에 연계해 투자수익이 결정되는 펀드 형태 상품이다.

ⓑ 상품구조는 주가연계증권(ELS)과 유사하나, 주가연계펀드(ELF)의 경우 펀드 형태이므로 주식매매 차익이 비과세되는 장점이 있다.

⑤ 부동산투자신탁(REITs ; Real Estate Investment Trusts)

ⓐ 투자자금을 모아 부동산 개발, 매매, 임대 및 주택저당채권(MBS) 등에 투자한 후 이익을 배당하는 금융상품이다.

ⓑ 설립형태에 따라 회사형과 신탁형으로 구분된다.
- 회사형 : 주식을 발행하여 투자자를 모으는 형태로서 증권시장에 상장하여 주식을 거래하게 된다.
- 신탁형 : 수익증권을 발행하여 투자자를 모으는 형태로 상장이 되지 않는다.

ⓒ 전문가를 통해 부동산 투자를 간접적으로 할 수 있으며, 유동성이 낮은 부동산 투자의 단점을 REITs 주식의 매매로 해결할 수 있다는 장점이 있다.

⑥ 사모펀드

소수의 투자자로부터 모은 자금을 주식이나 채권 등에 운용하는 펀드로, 금융기관이 관리하는 일반 펀드와는 달리 개인 간 계약으로 금융감독기관의 감시를 받지 않으며, 공모펀드와는 달리 운용에 제한이 없다.

⑦ 헤지펀드(Hedge Fund)

단기이익, 투자위험 대비 고수익을 목적으로 하는 적극적 투자 자본이다. 투자지역, 투자대상 등 당국의 규제를 적게 받는 투자 자금으로, 고수익을 노리긴 하나 투자위험이 높은 투기성자본이다.

01 다음은 포트폴리오 자산구성 내용이다. 공격적 성향 투자자인 A와 보수적 성향 투자자인 B가 선택할 포트폴리오를 고른 것은? 금융-분석력

(단위 : %)

구 분	주 식	채 권
포트폴리오 1	60	40
포트폴리오 2	40	60
포트폴리오 3	70	30

	투자자 A	투자자 B
①	포트폴리오 1	포트폴리오 1
②	포트폴리오 1	포트폴리오 3
③	포트폴리오 2	포트폴리오 1
④	포트폴리오 2	포트폴리오 3
⑤	포트폴리오 3	포트폴리오 2

해설

포트폴리오 1, 3은 주식의 비중이 더 크므로 수익률과 리스크도 높다고 할 수 있다. 반면 포트폴리오 2는 채권 투자의 비중이 높아 상대적으로 수익률과 리스크가 낮다고 할 수 있다. 투자자 A는 공격적 투자 성향으로 포트폴리오 1, 3이, 투자자 B는 보수적 투자 성향으로 원금 손실을 최소화하는 방향이기 때문에 상대적으로 채권 투자비율이 높은 포트폴리오 2가 유리하다.

투자성향에 따른 펀드 유형

공격적(적극적) 투자	보수적(소극적) 투자
• 주식형 · 파생상품형 • 성장주펀드 • 적극적 펀드	• 채권형 · 원금보장형 • 가치주펀드 • 소극적 · 인덱스펀드

정답 ⑤

02 다음의 주식시세표에 대한 설명으로 옳지 않은 것은?

금융-분석력

(단위 : 원)

구 분	시 가	고 가	종 가	등 락
A자동차	2,000	2,700	2,600	▲500
B전자	10,000	11,000	10,500	▲1,000
C건설	5,000	5,200	4,700	▼200

① 유가증권의 운영주체는 한국거래소이다.
② B전자의 전일 종가는 9,500원이다.
③ A자동차의 당일 최고가는 2,600원이다.
④ C건설의 당일 최고가는 5,200원이다.
⑤ A자동차의 주가는 마감 직전에 하락이 있었다.

해설

A자동차의 당일 최고가는 2,700원이다.

정답 ③

03 펀드투자 시 유의하여야 할 사항으로 옳은 것은?

금융-지식

① 원금이 일부에서 100%까지 보장되기 때문에 투자 금액을 증액한다.
② 위험을 방지하기 위하여 한 곳에 집중투자한다.
③ 펀드수수료 체계는 환매조건이 같기 때문에 계약조건도 같다.
④ 고수익 펀드에 투자할 경우에는 기대수익률이 낮지만, 손실가능성도 낮다.
⑤ 펀드는 지급 불능이 된 경우에도 예금보호대상이 되지 않는다.

해설

① 원금보장형이 아닌 경우라면 펀드는 원금손실이 발생할 수 있다.
② 해외펀드의 경우 국가리스크가 발생할 수 있고 특정 테마나 산업에 한정될 경우 이에 대한 리스크가 생길 수 있다. 따라서 지역, 테마, 운용회사 등을 분산해서 투자해야 한다.
③ 펀드수수료 체계는 펀드에 따라 다양하고 환매조건이 다르기 때문에 가입 전에 펀드의 계약조건을 꼼꼼히 봐야 한다.
④ 고수익 펀드에 투자할 경우에는 기대수익률이 높지만, 그만큼 손실 가능성도 높아진다.

정답 ⑤

CHAPTER 04 신용과 부채관리

01 | 신용

■ 신용의 이해

(1) 의 의

신용이란 돈을 빌리거나 물건값의 지불을 연기한 후 약속한 시점까지 상환하거나 지불할 수 있는 능력을 말한다. 신용등급, 소득, 직업의 안정성 등을 바탕으로 개인의 지불 능력을 사회적으로 평가하는 것이다.

(2) 신용의 필요성

① 신용카드, 휴대전화 이용 등 신용을 이용한 생활수준을 유지할 수 있다.

② 대출 시 신용을 바탕으로 평가하며, 신용이 좋지 않을수록 금융기관 대출이 어려워진다.

③ 대학등록금, 결혼자금 등 목돈이 필요할 때 신용을 이용할 수 있다.

④ 보험 가입, 취직, 결혼, 이민 등 다양한 상황에서 신용을 바탕으로 재정 상태를 판단한다.

■ 신용정보의 이해

(1) 의 의

① 법령상 정의(신용정보의 이용 및 보호에 관한 법률 제2조 제1호)

"신용정보"란 금융거래 등 상거래에서 거래 상대방의 신용을 판단할 때 필요한 정보로서 다음의 정보를 말한다.

㉠ 특정 신용정보주체를 식별할 수 있는 정보(㉡부터 ㉢까지의 어느 하나에 해당하는 정보와 결합되는 경우만 신용정보에 해당한다)

㉡ 신용정보주체의 거래내용을 판단할 수 있는 정보

㉢ 신용정보주체의 신용도를 판단할 수 있는 정보

㉣ 신용정보주체의 신용거래능력을 판단할 수 있는 정보

㉤ ㉠부터 ㉣까지의 정보 외에 신용정보주체의 신용을 판단할 때 필요한 정보

② 일반적 정의

일반신용정보란 개인이나 법인이 금융기관과 대출, 신용카드 개설 · 할부금융 등의 금융거래를 할 때 신용정보주체의 신용도 및 신용거래 능력 등을 판단하는 데 필요한 정보로서 신용거래정보, 신용도 판단정보 등을 판단하는 데 필요한 정보이다.

③ 신용거래

신용을 바탕으로 현재 시점에서 어떤 재화를 차용 또는 이용한 후 일정 시간이 경과한 미래 시점에 재화의 가치를 지급할 것을 약정하기로 한 상호 간에 발생하는 거래행위를 말한다.

(2) 신용정보의 활용

① 금융기관

은행, 카드사, 보험사 등에서 신규거래 개설, 대출한도 또는 대출금리 결정 등에 사용한다.

② 백화점, 통신업체 등

고객카드 신청, 휴대전화 발급 여부 등을 심사한다.

③ 대사관

이민 심사 등에 활용한다.

④ 기업체

일반 회사 취업 시 취업생의 신용을 확인하는 목적으로 사용한다.

⑤ 결혼정보회사

결혼정보회사에 등록하는 당사자 또는 상대방의 신용을 확인한다.

(3) 신용정보의 종류

① 식별정보

성명, 주소, 전화번호, 주민등록번호, 직장 등 각 신용정보주체를 식별할 수 있는 정보(개인식별정보)를 말한다.

② 신용도판단정보

거래주체의 신용도를 판단할 수 있는 연체, 대위변제, 부도 등의 정보를 말한다.

③ 금융거래정보

돈을 빌리거나 물건을 구매하면서 생긴 것으로 신용정보주체의 거래내용을 판단할 수 있는 신용거래 정보를 말한다.

④ 신용능력정보

주체의 재산, 채무, 소득 등 주체가 보유하고 있는 지불능력을 판단하는 개인의 경제적 능력과 관련된 정보이다.

⑤ 공공기록정보

공공기관이 보유하는 정보로 법원의 장기연체자 판결정보, 국세청의 세금체납정보, 파산정보 등이 해당된다.

(4) 신용관리의 필요성

① 신용은 한 사람의 재무 가치를 상징하며, 신용을 사용한다는 것은 미래 시점의 가치를 현재 시점으로 이동시킨다는 것을 뜻한다.

② 신용관리를 통해 신용 사용에 따르는 비용과 수익을 비교할 수 있어야 하며, 신용 가치를 하락시키지 않는 범위 내에서 소비 활동 계획이 수립되어야 한다.

③ 과거에는 '빚'이라는 표현을 썼지만, 현대 사회에서는 신용도 하나의 자산 도구로서 활용되기 때문에 적절한 사용은 생활의 유용한 수단이 될 수 있다.

3 개인신용평점(신용점수)

(1) 의 의

① 개인신용평점이란 개인신용평가회사(CB ; Credit Bureau)가 개인에 대한 신용정보를 수집한 후 이를 통계적 방법으로 분석하여, 향후 1년 내 90일 이상 장기연체 등 신용위험이 발생할 가능성을 수치화하여 제공하는 지표이다.

② 활 용

㉠ 개인신용평점은 금융회사 등이 개인의 신용을 바탕으로 의사결정이 필요한 경우(신용거래를 설정하거나 유지하고자 할 때), 참고지표로 활용 가능하다.

구 분	활용기관의 예	활용 사례
금융회사	• 은행, 카드, 할부금융사, 보험사, 상호금융(농협, 수협, 신협, 새마을금고), 상호저축은행, 등록 대부업체	• 대출실행, 카드개설 등의 의사 결정 시 참고지표로 활용
비금융회사	• 일반 기업체	• 대리점관리, 신용거래개설, 통신 다회선 이용 등의 의사결정시 참고지표로 활용

㉡ 각 금융회사는 자체 신용평점시스템(CSS ; Credit Scoring System)을 기준으로 대출승인, 신용카드발급, 한도, 금리결정 등 각종 금융거래를 위한 의사결정을 하고 있으며, 운영되는 신용평점시스템에는 크게 신청평점시스템과 행동평점시스템이 있다.

- 금융회사 내부 신용평점시스템(CSS)은 해당 금융회사의 거래고객을 대상으로 하여, 신용평가사가 제공하는 신용평점, 신용정보 및 자체 보유하고 있는 거래정보 등을 반영하여 신용위험을 예측하는 개인신용평점모형이다.
- 금융회사는 내부신용평점과 그 외 개인이 제공한 직장정보, 소득정보 등에 따라 각종 신용거래의 승인여부, 대출한도, 금리 등을 결정한다. 그 종류는 다음과 같다.
  - 신청평점시스템(Application Scoring System) : 신규 신용거래를 신청한 고객의 신용평가를 위해 개발된 신용평점시스템으로, 대출승인여부, 신용카드발급 등 신규거래개설을 위한 의사결정에 활용된다.
  - 행동평점시스템(Behavior Scoring System) : 현재 거래 중인 고객을 대상으로 일정시점마다 향후 부실 가능성을 재평가하도록 개발된 신용평점시스템으로, 대출연장 시 연장여부 혹은 금리변경 등의 결정이나 신용카드 한도변경여부 등의 결정에 활용된다.

(2) 신용등급 · 점수표

구 분		올크레딧(KCB)	나이스(NICE)
최우량, 우량	1등급	942~1,000점	900~1,000점
	2등급	891~941점	870~899점
	3등급	832~890점	840~869점
일 반	4등급	768~831점	805~839점
	5등급	698~767점	750~804점
	6등급	630~697점	665~749점
주의, 위험	7등급	530~629점	600~664점
	8등급	454~529점	515~599점
	9등급	335~453점	445~514점
	10등급	0~334점	0~444점

※ 개인신용등급은 신용평가사가 개인의 신용을 등급에 따라 평가하던 제도로, 개인신용평가 방식은 2021년 1월 1일부터 등급제(1~10등급)에서 신용점수제(1~1,000점)로 바뀌었다. 따라서 본 표는 참고용으로 수록하였다. 현재 나이스지키미 홈페이지(www.credit.co.kr)와 올크레딧(www.allcredit.co.kr)에서 신용점수 산정 방식을 공시하고 있으며, 투명성 제고를 위하여 사유에 대해 더 상세히 제공하고 있다. 단, 개인의 신용거래 상태에 따라 다르게 반영되는 항목별 점수는 공개하지 않는다.

① 최우량, 우량

오랜 신용거래 경력을 보유하고 있으며 다양하고 우량한 신용거래 실적을 보유하였거나, 활발한 신용거래 실적은 없으나 꾸준하고 우량한 거래를 지속한다면 상위등급 진입 가능한 경우

② 일 반

주로 저신용 업체와의 거래가 있는 고객으로 단기 연체 경험이 있는 경우

③ 주의, 위험

주로 저신용 업체와의 거래가 많은 고객으로 단기 연체의 경험을 비교적 많이 보유하고 있어 단기적인 신용도의 하락이 예상되거나, 현재 연체 중이거나 매우 심각한 연체의 경험을 보유한 경우

(3) 신용점수 관리방법

① 건전한 신용거래로 관리하기

연체 없이 꾸준히 사용한 신용카드, 체크카드 실적은 신용평가에 긍정적인 요인으로 작용한다. 그 외 건강보험 납부내역, 국민연금 납부 내역, 통신비 납부내역, 도시가스 납부내역, 아파트 관리비 납부내역 등 연체 없이 꾸준하게 납부한 내역은 신용점수 향상에 도움된다. 다만, 신용카드 이용 시 할부 서비스를 습관적으로 과도하게 이용하는 경우에도 일시불을 사용하는 것에 비해 신용평가 시 낮은 평가를 받을 수 있다.

② 대출은 신중하게 결정하기

신용점수는 채무금액을 중심으로 한 대출상환 종류와 대출금리 수준 위주의 평가방식이다. 대출 자체가 나쁜 것은 아니며, 꼭 필요한 경우 대출을 받은 후 성실하게 상환한다면 신용평가에도 긍정적으로 반영된다. 다만 대부업 대출은 신용점수에서 부정적 영향을 주게 되어 신중하게 받아야 한다.

③ 소액이라도 연체 주의하기

일정금액 이상의 연체가 발생하게 되면 신용평가 시 부정적 영향을 주며, 연체 금액을 모두 상환한 후에도 일정기간은 평가에 영향을 준다. 따라서 소액이라도 연체가 발생하지 않도록 유의해야 한다.

④ 타인에 대한 보증 주의하기

타인의 대출에 대한 보증을 서게 되면, 주 채무자의 연체가 없어도 보증인의 개인 신용등급이 하락하거나 대출 한도가 감소할 수 있다. 타인의 대출에 대한 보증은 절대 불가피한 경우에만 서도록 해야 한다.

⑤ 장기연체부터 상환하기

연체기간이 길어질수록 개인 신용등급에 대한 불이익이 커지므로, 다수의 연체가 있는 경우 가장 오래된 건부터 상환해야 한다.

④ 신용카드

(1) 의 의

현금을 대신하여 신용카드로 일상에 필요한 재화나 서비스를 구입하고 한 달에 한 번씩 있는 결제일에
카드 대금을 한꺼번에 지불할 수도 있고 대금을 월별로 나누어 할부로 지불할 수도 있게 한 제도이다.

(2) 기능 및 장단점

① 기 능

　　㉠ 지불의 편리성 : 현금이 없어도 필요한 상품을 구입할 수 있고 불편한 잔돈 발생을 막고 거래기록
　　　을 쉽게 남길 수 있기 때문에 매우 편리한 지불 수단이다.

　　㉡ 신용정보 제공성 : 지불에 필요한 금액이 당장에 신용카드 고객의 계좌에 없더라도 결제일까지 카
　　　드발행회사로부터 신용을 제공받아서 재화나 서비스를 구입할 수 있고 경우에 따라서는 할부도
　　　가능하다.

② 장단점

장 점	• 현금이 없더라도 재화나 서비스의 구매가 편리하게 가능하다. • 신용카드사 입장에서는 신용카드 사용자가 많을수록 연회비 수입이 늘어나고 신용카드 수수료 수입이 많아진다. • 매월 카드대금 고지서를 통해 유용한 가계 관리를 할 수 있다. • 적립한 신용카드 포인트를 현금처럼 사용할 수 있는 등 부가서비스 혜택이 있다. • 일정부분 소득공제를 통해 세금을 절약할 수 있다.
단 점	• 과소비나 부채의 위험이 있다. • 과도한 사용으로 인해 신용이 악화될 위험이 있다.

(3) 기타 카드

① 체크카드

신용카드와 직불카드의 장점을 결합해 계좌의 금액을 즉시에 사용하는 형태이다. 연체 위험이 없어
안전하고, 전자상거래 등에 자유롭게 이용 가능해 편리하다.

　예 시중은행 체크카드

② 직불카드

은행의 예금계좌 내의 현금을 ATM 등에서 찾아서 사용하는 형태의 카드이다. 또는 별도의 직불카드
가맹점에서 사용가능하다.

　예 시중은행 현금카드

③ 선불카드

일정액의 현금을 미리 충전 또는 구입하는 방식의 카드이다.

　예 구글플레이 카드, 선불 충전식 교통카드

예상문제

01 개인의 신용점수 관리에 대한 방법으로 옳지 않은 것은? 금융-사고력

① 현금서비스 등을 통한 대출은 신중하게 결정한다.

② 미래에 갚을 능력을 고려해 채무규모를 적절하게 설정한다.

③ 주기적인 결제대금은 소액일 경우 연체하더라도 신용점수에 영향을 미치지 않는다.

④ 연체를 상환할 때에는 오래된 것부터 상환한다.

⑤ 아파트 관리비, 통신비 등을 연체 없이 꾸준하게 납부한다.

해 설
주기적인 결제대금은 자동이체를 이용하는 것이 좋으며, 소액일지라도 연체할 경우 신용점수에 악영향을 준다.

정답 ③

02 | 대 출

① 의 의

(1) 개 념

① 일반적 정의

소비자 대출이란 금융회사에서 금융소비자에게 미래에 자금을 돌려받을 것을 약속하고 자금을 빌려주는 행위를 말한다. 일반적으로 금융회사의 신용대출, 현금서비스, 대학 학자금, 자동차 구입, 주택 구입 등을 위한 대출서비스가 해당된다.

② 총부채 상환비율(DTI ; Debt To Income)

금융부채 상환능력을 소득으로 따져서 대출한도를 정하는 계산비율로 소득 대비 적절한 대출한도를 지표로 나타내면 다음과 같다.

$$\frac{\text{주택담보대출 연간 원리금 상환액 + 기타 부채의 연간 이자 상환액}}{\text{연소득}}$$

(2) 대출의 장단점과 활용

① 장단점

장 점	• 적절히 활용하면 경제적인 생활여건을 개선하고 안정적인 금융생활을 유지할 수 있다.
단 점	• 대출이 누적되는 경우 채무가 증가하면 신용불량이나 파산의 위험이 커진다. • 개인들의 채무가 증가하는 경우 국가 재무건전성에 위협요인이 되어 국가경제에 악영향을 끼친다.

② 소비를 목적으로 한 지출이나 자산매입, 교육투자 등과 같이 장래의 수익증가를 위한 투자 목적으로 활용한다.

② 대출의 종류와 상환방식

(1) 대출의 종류

① 신용대출

금융회사가 고객의 신용도를 판단하여 해주는 대출이다. 고객의 경제적 처지, 직업, 거래사항, 가족 사항 등을 고려하여 대출금액과 금리를 결정한다. 신용대출은 순수한 무보증신용대출과 신용보증사의 보증서를 세우는 신용대출로 분류되는데, 무보증신용대출은 진정한 신용대출로 본인의 신용도에 따라서 결정되는 대출이다.

PART 01

미 여0

② 담보대출

담보대출은 돈을 빌려주는 사람이 돈을 돌려받지 못할 때를 대비하여 빌리는 사람으로부터 부동산, 자동차 등 경제적 가치가 있는 자산을 담보로 하는 것을 말한다. 보통 신용대출보다 기간이 장기이고 금액이 크며 대출금리가 낮다.

③ 대출의 종류 정리

구 분	종 류	특 징
담보 유무	담보대출	• 부동산, 자동차 등을 담보로 하는 대출 • 신용대출보다 장기간이고 금액이 크며 대출금리가 낮음
	신용대출	• 담보 없이 고객의 신용도만으로 판단하여 해주는 대출 • 고객의 경제적 처지, 직업, 거래사항, 가족사항 등 고려
채무자	가계자금대출	• 개인에게 제공하는 대출
	일반자금대출	• 생활 안정용 자금 대출
	통장자동대출	• 약정된 한도 내 입출금 가능한 마이너스 통장 형태의 대출
	가계당좌대출	• 가계당좌예금 고객에게 약정 한도 내, 예금 잔액 초과 대출
	주택자금대출	• 주택 신규 취득, 임차, 증축 자금 대출
	적금관계대출	• 적금 가입자에게 제공하는 대출
	기업자금대출	• 회사, 법인에 제공하는 대출
거래방식	건별대출	• 대출 약정 시 대출금 일체를 지급하는 대출
	한도대출	• 한도 내 대출금을 필요할 때마다 인출할 수 있는 마이너스 통장, 당좌 대출 등
자금성격	일반대출	• 은행이 고객의 예금 · 적금을 바탕으로 제공하는 대출
	카드론	• 신용카드 회사에서 고객의 사용 실적을 바탕으로 한도와 금리를 정해 제공하는 대출 • 은행에 비해 높은 대출 금리와 별도 부과되는 취급 수수료
	약관대출	• 보험 회사에서 만기환급형 저축성 보험을 담보로 제공하는 대출
	증권대출	• 채권, 주식, 수익 증권 등을 담보로 제공하는 대출

(2) 대출금리

구 분	특 징
고정금리	• 금융상품 가입 기간 동안 시중금리가 아무리 큰 폭으로 변하더라도 이미 약정된 금리를 유지하여 이자율이 변하지 않는 금리이다. • 추가로 부담할 이자가 없다는 것이 장점이다. • 대출시, 금리 상승 시기에 유리하다. • 일반적으로 변동금리보다 금리가 높다.
변동금리	• 시중금리가 변할 때마다 계속 변하는 금리이다. • 대출시, 금리 하락 시기에 유리하다.
혼합금리	• 고정금리와 변동금리 모두를 적용하는 형태의 금리이다. • 일반적으로는 일정 기간 고정금리를 적용 후, 변동금리를 적용한다. • 대출 이용자의 계획적인 자금운용에 유리하다.

(3) 대출의 상환방식

① 원금균등분할상환

대출받은 후 거치기간이 지나면 원금을 매월 일정한 금액으로 갚는 방식이다. 이자는 줄어든 원금 잔액에서 계산하여 계속 감소한다.

② 원리금균등분할상환

대출금 만기일까지의 총이자와 원금을 합하여 매월 일정금액을 갚아나가는 방식이다.

③ 만기일시상환

대출기간 동안 이자만 납부하다가 만기일에 원리금을 한 번에 갚는 방식이다.

④ 거치식 상환

일정기간(거치기간) 동안은 이자만 납입하다가 거치기간이 끝나면 원금과 이자를 나누어서 갚는 방식이다.

⑤ 대출 상환방식의 장단점

구 분	원금균등분할상환	원리금균등분할상환	만기일시상환	거치식 상환
장 점	• 이자비용이 저렴 • 시간 흐름에 따라 상환액 감소	• 상환금액이 일정하여 계획적인 자금운영 가능 • 소득과 지출이 일정한 정액소득자에게 적절	• 초기 상환부담 없음 • 수익성 있는 투자에 유리(만기일까지 수익 올릴 수 있음)	• 소득이 적거나 원리금 균등상환이 곤란할 때 편리 • 주택담보대출처럼 대출금액이 큰 경우에 사용
단 점	• 초기 상환부담이 큼 • 매월 갚아야 할 금액이 다름	• 초기상환부담이 상환방식 중 가장 큼	• 이자가 높음 • 만기 일시상환의 부담이 큼	• 이자가 높음 • 거치기간 동안 원금이 그대로라 상환부담이 줄지 않음

01 원금 1천만원, 연 5%, 5년 만기, 3년 거치 원금균등상환을 가정했을 때, 총이자 납입이 가장 낮은 상환방식은?

금융-사고력

① 원금균등분할상환
② 원리금균등분할상환
③ 만기일시상환
④ 거치식 상환
⑤ 만기일시상환, 거치식 상환

해 설 ....

총이자는 원금균등분할상환 1,270,833원, 원리금균등분할상환 1,322,740원, 만기일시상환 2,500,000원, 거치식 상환 2,020,833원이 된다. 따라서 원금균등분할상환이 가장 총이자 납입이 낮은 상환방식이다.

정 답 ①

02 회사원 A는 생활비를 목적으로 은행에서 연 10%의 이자율로 200만원을 3개월 동안 대출받았다. 회사원 A가 원리금균등분할상환을 한다고 했을 때, 첫 달에 상환해야 하는 금액으로 옳은 것은?

금융-사고력

(단위 : 원)

구 분	납입원금	이 자	상환금	납입원금 합계	잔 금
1회차	661,142	16,666	( )	661,142	1,338,858
2회차	666,652	11,158	677,808	1,327,794	672,206
3회차	672,206	5,602	677,808	2,000,000	0

① 661,142
② 666,652
③ 672,206
④ 677,808
⑤ 680,323

해 설 ....

원리금균등분할상환은 매 회차에 균등한 금액을 납입하는 방식으로 2, 3회차와 동일하게 첫 달에 납입할 상환금도 677,808원이다. 따라서 회차가 거듭될수록 상환금에서 차지하는 이자는 줄고 대출원금은 늘어난다.

정 답 ④

◼ 부채관리의 기본 원칙

(1) 적당한 부채 규모

① 평소 수입과 지출을 확인해보고 본인의 생활수준에서 감당할 수 있는 정도로 필요한 정도만 대출을 받아야 한다.

② 여러 건의 대출이 있을 때는 이자율이 높은 것부터 상환한다. 그러나 대출금액 차가 클 경우 그 금액이 적은 것을 우선적으로 갚을 수 있다.

③ 고금리의 대출은 신용도에 악영향을 끼치므로 단기에 갚을 수 없을 때는 새로운 대출을 받아 갚을 수도 있다.

(2) 적절한 상환계획

① 대출금을 상환하기 위한 순서를 정한다. 부채목록을 만든 후 매월 정리 · 점검하여 대이자율이 가장 높은 순으로 갚는다.

② 대출금을 상환하기 위한 장기적인 저축계획이 필요하다.

(3) 주거래 은행 활용

① 이자율, 상환조건, 대출비용 등을 충분히 파악하여 대출상품을 선택해야 한다. 예를 들어 자금 용도에 따라 절세 효과가 있는 상품을 선택한다.

② 주거래 은행에 집중 거래할 경우 실적을 쌓게 되어 다양한 혜택을 받을 수 있다.

◼ 채무조정제도

(1) 의 의

현재의 소득으로는 본인의 채무를 정상적으로 상환할 수 없는 채무자를 대상으로 실질적 변제가능성을 고려한 채무 변경(연체이자 감면, 원금 일부 감면, 상환기간 연장 등)을 통하여 채무자의 경제적 회생을 지원하는 절차이다. 국민행복기금, 신용회복위원회의 연체 전 채무조정 · 프리워크아웃 · 개인워크아웃, 법원의 개인회생 및 개인파산 등이 운영 중이다.

(2) 종 류

국민 행복기금	채무조정	• 국민행복기금이 제도권 금융기관 및 대부업체가 보유한 연체채권을 채무감면 및 상환기간 조정 등으로 지원한다. • 그 외 금융회사에서 운영하는 연체 고객을 위한 채무조정 지원 프로그램도 있다.
신용회복 위원회	연체 전 채무조정	• 신속채무조정이라고도 하며, 채무를 정상적으로 상환하기 어려운 경우 일정기간 채무상환을 유예하거나 상환기간을 연장하는 등의 채무조정을 지원한다.
	프리워크아웃	• 이자율 채무조정이라고도 하며, 신용카드대금이나 대출금 상환 부담이 큰 경우 이 자율 인하나 상환기간 연장을 통한 안정적인 채무상환을 돕는다.
	개인워크아웃	• 신용카드대금이나 대출금 등이 3개월 이상 연체된 경우 채무감면, 상환기간 연장 등을 통해 안정적인 채무상환을 돕는다.
법 원	개인회생, 개인파산	• 신용회복위원회의 도움을 받을 수 없는 경우 거주 지역의 법원을 통해 채무 조정을 받을 수 있다. • 개인회생제도는 재정적 어려움으로 인하여 파탄에 직면하고 있는 개인채무자로서 장래 계속적으로 또는 반복하여 수입을 얻을 가능성이 있는 자에 대하여 채권자 등 이해관계인의 법률관계를 조정함으로써 채무자의 효율적 회생과 채권자의 이익을 도모하기 위하여 마련된 절차이다. • 개인파산제도는 파산선고를 내린 후 개인의 면책신청이 법원으로부터 받아들여지 면 빚에서 벗어나는 제도이다.

[채무조정 프로그램]

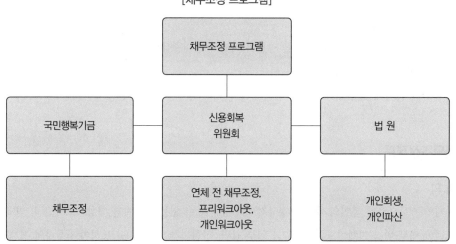

※ 출처 : 금융감독원 서민금융 1332 홈페이지(www.fss.or.kr/s1332)

01 부채관리의 기본 원칙으로 옳지 않은 것은? 금융-지식

① 대출용도의 타당성을 검토한다.
② 대출기간과 상환계획의 적절성을 검토한다.
③ 부채규모의 적정성을 검토한다.
④ 현금흐름의 기회비용을 최대화한다.
⑤ 절세 및 금융회사의 부가서비스를 적극 활용한다.

해 설 ....
현금흐름의 기회비용을 최소화해야 한다.

정 답 ④

02 채무조정을 하는 기관과 그 제도를 연결한 내용으로 옳지 않은 것은? 금융-지식

① 국민행복기금 – 채무조정
② 신용회복위원회 – 연체 전 채무조정
③ 신용회복위원회 – 프리워크아웃
④ 법원 – 개인회생
⑤ 법원 – 개인워크아웃

해 설 ....
개인워크아웃은 신용회복위원회에서 하는 채무조정제도로, 신용카드대금이나 대출금 등이 3개월 이상 연체된 경우 채무감면, 상환기간 연장 등을 통해 안정적인 채무상환을 돕는다.

정 답 ⑤

CHAPTER 05 보 험

---

01 | 보험의 의미 및 필요성

1 의의

(1) 개념

① 보험은 장래에 생길 수 있는 위험이나 손실을 방지하기 위해 같은 종류의 위험에 직면한 여러 사람들을 하나의 위험집단으로 묶은 후 공동으로 부담하는 제도이다.

② 위험당사자(개인)들은 보험료를 납입하고, 이를 보험회사에서는 준비금으로 마련해 두었다가 위험에 처한 당사자가 생길 경우 보험금으로 보상한다.

③ 장래 발생할 수 있는 손실위험을 일정한 대가를 지불하고 보험회사에 전가하는 계약이다.

(2) 목적

① 불확실한 위험이나 손실에 대한 경제적인 타격을 낮추고자 하는 것을 목적으로 한다.

② 불확실한 손실의 위험을 타인(제3자)에게 전가하거나 공유하는 수단으로 제공된다.

> **더 알아보기 ▶ 보험금과 보험료의 차이**
>
> • 보험금 : 보험기간 내에 보험사고가 발생하는 경우 보험회사가 보험수익자에게 지불하는 약정된 금액을 말한다. 이때 보험금은 양당사자의 합의를 통해 자유로이 정할 수 있다.
> • 보험료 : 보험금을 지급받기 위해 보험계약자가 보험회사에 지불하는 금액을 말한다. 보험회사는 보험금의 지급의무를 부담하고, 보험계약자가 그 대가로써 지불하게 된다.

2 보험의 필요성

(1) 보험의 특성

① 손실의 집단화

ㄱ 손실의 위험을 지닌 자들을 위험집단으로 묶어(위험의 집단화) 손실을 한데 모아 개별위험을 손실집단으로 전환하는 것이다.

ㄴ 개인이 부담하여야 하는 실제 손실은 위험그룹의 평균손실로 대체된다. 즉, 사회 전체의 불확실성(위험)의 감소를 가져온다.

ⓒ 보험을 통해 위험을 서로 나누어 분담하며(Risk Sharing), 불확실한 손실이 확정손실로 전환된다.

> 예 가격이 천만원인 1만대의 자동차에서 1년 동안 평균 10건의 사고가 발생한다고 가정했을 때, 1년간 총손실은 1억원이 된다. 이때 보험이 없는 경우 불확실한 1억원의 손실을 각각 부담해야 하지만, 보험이 있는 경우 자동차 소유주의 손실은 확정금액 1만원이 된다.

② 위험의 전가

　　㉠ 보험계약에 의해 보험회사로 위험을 전가한다.

　　ⓒ 보험을 통하여 전가되는 위험은 손실의 규모가 크지만 발생확률(발생빈도)은 낮아 이를 기업(보험회사)에서 부담한다.

🅗 알아보기 ▶ 위험의 종류

투자위험	손실가능성과 손익가능성이 동시에 존재한다. 예 부동산 투자, 주식 투자 등의 위험
순수위험	손해가능성만 존재하는 것으로 보험은 순수위험에 해당된다. 예 인적위험을 대비하기 위한 생명보험, 재산위험을 대비하기 위한 재산보험, 배상책임위험을 대비하기 위한 운전자보험

③ 실제손실(실손) 보상

　　㉠ 보험은 사고 발생 이전의 재무적 상태로 손실을 보상해준다.

　　ⓒ 여기서 보험회사의 보상은 화폐가치로 환산할 수 있는 실제손실 또는 현금가치로 한정된다.

(2) 보험의 기능

① 경제적 기능

　　㉠ 생산과정에서 위험 발생 시 보험이 경제적 손실을 보상하는 자금의 기반이 되어 가격안정을 돕는 역할을 한다.

　　ⓒ 각종 보험 가입을 통해 경영의 안정 및 가입자의 신용을 높인다.

② 사회적 기능

순기능	• 빠르게 경제생활을 회복하도록 돕는다. • 대규모 자본을 형성함으로써 투자자금의 원천으로서의 기능을 한다. • 위험 및 손실을 사전적으로 예방한다.
역기능	• 보험 판매수수료, 보험회사의 이윤, 임직원의 인건비나 건물 임차료, 세금 등 보험 운영을 위한 사회적 비용이 발생한다. • 보험금 과다청구, 보험사기 등의 악영향이 있다.

1986년 프랑스에서 처음 시작된 것으로 은행 등의 금융사가 보험회사의 대리점이나 중개인 자격으로 보험상품을 판매하는 제도이다. 넓은 의미에서는 보험회사와 은행 간의 전략적 제휴나 은행 내에 보험업을 하는 자회사를 소유하는 경우도 포함된다.

예상문제

01 다음의 설명에서 빈칸 안에 순서대로 들어갈 내용으로 옳은 것은? 금융-지식

> 보험은 장래에 생길 수 있는 위험이나 손실을 방지하기 위해 같은 종류의 위험에 직면한 여러 사람들을 하나의 위험집단으로 묶은 후 공동으로 부담하는 제도이다. 위험당사자(개인)들은 (   )을(를) 납입하고, 이를 보험회사에서는 준비금으로 마련해 두었다가 위험에 처한 당사자가 생길 경우 (   )으로 보상한다.

① 보험료, 보험금
② 준비금, 보험금
③ 연체료, 준비금
④ 분담금, 국민연금
⑤ 보험금, 보험료

해 설

보험료는 보험금을 지급받기 위해 보험계약자가 보험회사에 지불하는 금액이며, 보험금은 보험기간 내에 보험사고가 발생하는 경우 보험회사가 보험수익자에게 지불하는 약정된 금액을 말한다. 위험당사자(개인)들은 보험료를 납입하고, 이를 보험회사에서는 준비금으로 마련해 두었다가 위험에 처한 당사자가 생길 경우 보험금으로 보상하게 된다.

정 답 ①

1 보험계약의 이해

(1) 개 념

보험계약이란 보험계약자가 되는 당사자가 약정한 보험료를 보험회사에 지급하고 앞으로 재산, 생명, 신체 등에 불확정한 사고가 생길 경우 이를 보험금으로 지급받기로 약정하는 계약이다. 보험계약은 보험약관에 따라서 체결되며, 계약의 성립은 약관에 따라서 계약당사자가 보험료를 지급하고, 양당사자의 합의로 실현된다.

(2) 고지의무와 설명의무

① 고지의무

보험계약자(또는 피보험자)는 보험자(보험회사)에게 계약상 중요한 사항을 고지할 의무가 있다. 보험계약자 또는 피보험자가 보험계약을 체결함에 있어 고의 또는 중대한 과실로 중요한 사항을 알리지 않거나 부실의 고지를 하지 않을 의무를 말한다.

② 설명의무

보험자는 보험계약을 체결할 때에 보험계약자에게 보험약관을 교부하고 그 약관의 중요한 내용을 설명해야 한다.

(3) 보험계약의 특성

① 낙성 · 불요식계약성

보험계약은 보험자(보험회사)와 보험계약자(피보험자)의 의사표시의 합치만으로 성립하고, 그 외에 다른 요식행위를 하지 않음을 말한다.

② 유상 · 쌍무계약성

피보험자는 보험료 지급을 약정하고, 이에 대해 보험회사는 보험금 지급을 약정했으므로 유상계약이다. 쌍무계약성이란, 이때 보험료와 보험금은 상호 대가 관계에 있음을 말한다.

③ 사행계약성

우연한 사고 상황에서만 급여의무가 이행되므로, 불확실한 사건이 발생으로 인해 보험금 지급 여부 및 액수가 정해짐을 말한다.

④ 선의계약성

보험계약의 특성상 선의성이 확보되어야 함을 말한다. 사행계약이라는 특성 때문에 자칫 잘못하면 보험계약의 도박화를 초래할 수 있기 때문이다. 피보험자가 고의나 중대한 과실로 중요한 사항을 알리지 않거나 부실하게 알릴 경우 보험회사가 보험계약을 해지할 수 있는 선의성 확보 조항을 약관에 담고 있다.

⑤ 상행위성

보험 인수를 영업으로 하는 경우 상법상 상행위가 됨을 말한다.

⑥ 계속적계약성

보험기간 내에 발생한 보험사고에 대한 보험금 지급을 약정한 것이므로, 그 기간 동안 계속해서 계약 관계가 유지됨을 말한다.

⑦ 부합계약성

보험계약 특성상 다수의 가입자를 상대로 동일한 내용의 계약을 대량으로 체결한다. 따라서 보험회 사가 미리 준비한 보통보험약관에 의해 정형적으로 계약이 체결됨을 말한다.

2 보험계약의 요소

(1) 보험자(보험회사)

보험회사로 보험사고가 발생할 경우 보험금을 지급할 책임을 지는 자를 말한다. 보험자는 다수의 보험 계약자를 상대로 보험계약을 인수하여 효율적으로 관리해야 하며, 보험사고 발생 시 그 손해를 구제해 야 한다. 따라서 보험자는 보험업법에 따라 사업허가를 얻는 등 일정 영업제한이 있다.

(2) 보험계약자(계약당사자)

보험의 계약을 자기의 이름으로 체결하고, 계약이 성립된 경우 그 보험료의 납입의무 등 계약상 의무를 지는 자이다. 보험계약자 자격은 제한이 없으나 20세 미만의 경우 친권자 또는 법정대리인의 동의가 필 요하다.

(3) 피보험자

① 생명보험(인보험)의 경우

그 사람의 사망, 장해 또는 생존 등의 조건에 관해 보험계약이 체결된 자로, 생사가 보험사고의 대상 이 된다. 피보험자는 계약당사자일 수도 있고 제3자로 할 수도 있다.

② 손해보험(물보험)의 경우

손해의 보상을 받을 권리를 갖는 자로 보험금 청구권을 갖는다.

(4) 보험수익자

보험계약자에게 보험금 청구권을 지정받은 자로서 보험금 지급 사유가 생겼을 때 보험금의 지급을 받는 자이다.

❸ 보험금과 보험료

(1) 보험금

보험계약이 만료되거나 보험사고가 발생했을 때 보험가입자가 보험자로부터 받게 되는 일정한 금액의 보상금을 말한다.

(2) 보험료

① 개 념

보험계약의 당사자인 보험계약자가 보험계약에 의거하여 보험자에게 지급하는 금액을 말한다.

② 보험료의 구성요소

순보험료와 부가보험료로 이루어지며, 순보험료는 보험금의 지급에 충당되고 부가보험료는 주로 영업비(인건비 · 물건비 등)에 충당된다. 보험료의 산출은 보험금액을 기준으로 하며, 보험료 기간을 단위로 하여 위험률에 따라 정한다.

③ 보험료의 지급방법

손해보험(물보험)과 같이 전액을 납입하는 경우와 생명보험(인보험)과 같이 각 보험료 기간으로 분납하는 경우가 있다.

(3) 보험료의 계산

[보험료의 구성 및 계산]

보험료 = 순보험료(위험보험료 + 저축보험료) + 부가보험료

예정기초율 : 예정위험률　　예정이율　　예정사업비율

① 예정위험률

피보험자가 사망하거나 장애, 질병에 걸리는 등의 보험사고가 발생할 확률을 가정한 것이다. 따라서 예정위험률이 높으면 보험료는 높아진다.

② 예정이율

장래에 납입할 순보험료를 일정 이율로 계산하기 위해 예정한 이율이다. 예정이율은 보험회사가 보험금 지급 때까지 보험료 운용을 통해 거둘 수 있는 예상수익률을 의미하는 것이다.

이 예상수익률을 감안해 일정한 비율로 보험료를 미리 할인한다. 따라서 예정이율이 낮아지면 보험료는 높아지고, 반대로 높아지면 보험료는 낮아진다.

③ 예정사업비율

보험료 중 보험계약을 유지, 관리해 나가기 위한 경비의 구성 비율이다. 따라서 예정사업비율이 낮아지면 경비가 적어지므로 보험료는 낮아지고, 예정사업비율이 높아지면 경비가 많아지므로 보험료도 높아진다.

④ 보험료와 예정위험률 · 예정이율 · 예정사업비율의 관계

구 분	증 감	보험료
예정위험률	감 소	감 소
	증 가	증 가
예정이율	감 소	증 가
	증 가	감 소
예정사업비율	감 소	감 소
	증 가	증 가

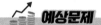

예상문제

01 다음 사례에서 빈칸에 들어갈 A씨의 보험계약 위반 내용으로 옳은 것은?   금융-사고력

> A씨는 B보험사와 암보험계약을 체결·유지하던 중 B형 간염 및 간기능 이상으로 75일간 투약치료 및 5차례 통원치료를 받게 되었다. 이후 A씨는 보험료를 납입하지 않아 동 보험 계약이 해지되자 그 계약을 부활시켰다. 부활 청약 시 A씨는 B형 간염 및 간기능 이상으로 인한 치료사실을 B보험사에 알리지 않았다. 이듬해 A씨는 간경화로 입원하게 되어 B보험 사에 관련 보험금을 청구하였다. B보험사는 계약 부활 전 간염으로 인한 장기 투약치료 사 실을 알리지 않았으므로 계약 전 (   ) 위반을 이유로 계약을 해지하며, 간염과 간경화 간 에 인과관계가 있으므로 관련 보험금을 지급할 수 없다고 주장한다.

① 고지의무   ② 설명의무
③ 책임의무   ④ 가입의무
⑤ 부활의무

[해 설]
고지의무는 보험계약자 또는 피보험자가 보험계약을 체결함에 있어 고의 또는 중대한 과실로 중요한 사항을 알리 지 않거나 부실의 고지를 하지 않을 의무를 말한다. 위 사례는 보험계약자의 계약 전 고지의무 위반사실이 보험금 지급사유 발생에 영향을 미친 경우이다. 반대로 설명의무는 보험자의 의무로 보험자는 보험계약을 체결할 때에 보 험계약자에게 보험약관을 교부하고 그 약관의 중요한 내용을 설명해야 한다.

[정 답] ①

▌ 사회보험

(1) 의 의

사회보험은 위험에 대비하여 국가에서 제공하는 사회 보장 제도이다. 반면, 민영보험은 개인이나 기업이 위험에 대비하여 자유로이 가입하는 보험 상품이다. 사회보험의 종류로는 국민연금, 건강 보험, 고용 보험, 산재 보험이 있으며 이를 '4대 보험'이라 한다. 이 밖에 노인 장기 요양보험도 있다.

(2) 사회보험의 기본원리

① 최저생활보장의 원리

사회보험법의 소득보장은 최저생활수준 보장을 원칙으로 한다.

② 소득재분배의 원리

기여금 납부시 소득에 따라 기여율을 책정하며, 급여 지급시 소득에 상관없이 필요에 따라 급여를 지급하므로 재분배효과가 있다.

③ 보편주의의 원리

사회보험의 적용은 전 국민을 대상으로 하여야 하며, 조건만 갖춰졌다면 자산조사 없이 혜택을 받는다.

④ 기여분담의 원리

사회보험의 기여금은 고용주, 피용주, 국가가 함께 분담한다.

(3) 사회보험의 종류

① 국민연금

국민의 퇴직, 사망, 장애로 인한 소득 감소 위험에 대비하여 만들어진 사회보험이다.

② 건강보험

국민의 질병에 따른 경제적 어려움을 보장하기 위해 만든 사회보험이다.

③ 산재보험

근로자의 업무상 재해를 보상하기 위해 사업주가 반드시 가입해야 하는 보험이다.

④ 고용보험

실업자에게 실업 보험금을 주고, 직업 훈련 등을 위한 장려금을 기업에 지원하는 제도이다.

② 민영보험

(1) 의 의

민영보험은 개인이 필요에 따라 가입하는 보험으로 크게 생명보험과 손해보험이 있다. 생명보험은 생명 또는 신체에 생길 우연한 사고에 대비하는 보험이고, 손해보험은 개인이 소유하고 있는 물건이나 재산에 사고가 발생해 생기는 경제적 손실을 보상해주기 위해 만들어진 보험이다. 또한 생명보험은 생명에 대한 생명보험과 신체에 대한 상해보험 및 질병보험으로 구분된다.

(2) 민영보험의 종류

① 생명보험(인보험)

피보험자의 생명이나 신체에 보험사고가 발생할 경우 보험회사가 보험계약으로 정하는 바에 따라 보험금이나 그 밖의 급여를 지급하는 보험이다. 생명보험, 연금보험, 변액보험, 질병보험, 퇴직보험, 간병보험 등이 있다.

② 손해보험(물보험)

보험회사가 보험사고로 생길 피보험자의 재산상의 손해를 보상하는 보험이다. 손해보험은 금전으로 산정할 수 있는 이익을 목적으로 한다. 따라서 금전으로 산정할 수 없는 정신적·감정적 이익은 손해보험의 목적이 될 수 없다. 화재보험, 운송보험, 해상보험, 책임보험, 자동차보험 등이 있다.

③ 기타 보험의 분류

(1) 정액보험과 실손보험

① 정액보험

민영보험 중 보험상품을 계약할 때 보험금이 정해지는 것으로 생명보험이 해당된다. 보험금이 높아질수록 보험료도 증가한다.

② 실손보험

보험계약 시 보험금 액수가 정해지지 않는 것으로 손해보험이 대표적이다.

(2) 보장성 보험과 저축성 보험

① 보장성 보험

단순히 위험만 보장하고, 저축의 성격은 없는 보험을 말한다.

② 저축성 보험

보험 기능 외에 저축의 기능까지 갖는 보험이다. 대표적으로 자녀교육보험은 위험보장보다는 자녀교육비를 마련하는 목적이 강하다.

(3) 의무보험과 임의보험

① 의무보험

국가, 공공단체에 의해 강제 가입되는 보험을 말한다. 법률에 그 근거가 있으며 대표적으로 근로자 또는 사업자가 가입할 의무가 있는 보험이 있다.

② 임의보험

가입 여부를 가입자 자유의사에 따라 결정할 수 있는 보험을 말한다. 영리 목적의 사보험이 이에 속한다.

(4) 종신보험과 정기보험

① 종신보험

보험기간을 한정하지 않고 피보험자가 사망할 때까지로 하는 보험. 자살 등 특별한 사유가 있지 않은 이상 사망원인에 상관없이 보험금을 지급한다.

② 정기보험

보험기간을 일정기간으로 한정하는 보험. 보장기간 내 사망시 사망원인에 상관없이 보험금을 지급하지만, 만료 시까지 생존한 경우 보험금 지급 없이 계약은 만료된다. 일반적으로 보험기간은 1년, 3년, 5년으로 해마다 갱신된다.

(5) 배당보험과 무배당보험

① 배당보험

보험계약에서 발생한 이익을 계약자배당으로 환원하는 보험을 말한다.

② 무배당보험

보험회사가 경영으로 손해나 이익이 발생할 경우 회사가 책임을 지고 보험료를 저렴하게 하는 대신 계약자배당을 하지 않는 보험을 말한다.

01 다음 중 민영보험으로 옳은 것은?

금융-지식

① 국민연금   ② 건강보험

③ 산재보험   ④ 고용보험

⑤ 생명보험

해설

⑤ 생명보험 : 피보험자의 생명이나 신체에 보험사고가 발생할 경우 보험회사가 보험계약으로 정하는 바에 따라 보험금이나 그 밖의 급여를 지급하는 보험이다.
① 국민연금 : 국민의 퇴직, 사망, 장애로 인한 소득 감소 위험에 대비하여 만들어진 사회보험이다.
② 건강보험 : 국민의 질병에 따른 경제적 어려움을 보장하기 위해 만든 사회보험이다.
③ 산재보험 : 근로자의 업무상 재해를 보상하기 위해 사업주가 반드시 가입하여야 하는 보험이다.
④ 고용보험 : 실업자에게 실업 보험금을 주고, 직업 훈련 등을 위한 장려금을 기업에 지원하는 제도이다.

정답 ⑤

02 다음 사례에서 A회사가 가입하여야 하는 보험으로 옳은 것은?

금융-사고력

> 최근 A회사는 사우디아라비아의 한 바이어로부터 제품을 수입하겠다는 제안을 받았다. 하지만 중동지역의 첫 수출이어서 최근 해당 지역의 불안한 정세가 마음에 걸렸다. 제품을 보낸 후 갑작스럽게 기업이 파산하거나 해당 국가에 전쟁이 일어나면 제품 대금을 못 받을 수 있기 때문이다.

① 무역보험   ② 생명보험

③ 질병보험   ④ 실손보험

⑤ 해상보험

해설

보험은 장래에 생길 수 있는 위험이나 손실을 방지하기 위해 같은 종류의 위험에 직면한 여러 사람들을 하나의 위험집단으로 묶은 후 공동으로 부담하는 제도이다. 그 중 무역보험은 정상적인 수출입 거래 시 거래 상대방이 파산하거나 해당 국가의 전쟁 등 불가피한 사유로 회수하지 못한 수출대금 또는 수입용 선급금이나 회수하지 못한 대출금 등을 보상해주는 공적 신용제도다.

정답 ①

01 | 금융법규 및 제도

1 의의

(1) 개념

① 금융소비자(금융상품의 수요자)는 금융회사(금융상품의 공급자)의 거래상대로서 정보와 교섭력 (Bargaining Power)의 불균형 측면에서 금융회사보다 열등한 지위에 있으므로 사회적 보호가 필요하다.

② 정보와 교섭력의 불균형의 의의

㉠ 금융상품의 공급자이면서 금융업을 전문적으로 영위하는 금융회사가 해당 금융상품이나 금융시장의 상황 등에 대해서 금융소비자보다 정보의 우위를 점하고 있다.

㉡ 교섭력의 우위는 불완전경쟁 시장구조에서 어느 정도 독점력을 갖는 공급자로서의 지위를 반영한 것이다.

(2) 자본시장과 금융투자업에 관한 법률[자본시장법(시행 2023. 1. 1)]

① 제정 이유

㉠ 제도적 요인이 자본시장의 발전에 장애가 되고 있으므로 증권거래법 등 자본시장 관련 법률을 통합하여 금융투자상품의 개념을 포괄적으로 규정한다.

㉡ 자본시장에서의 불공정거래에 대한 규제를 강화하는 등 자본시장에 대한 법체계를 개선하여 금융투자회사가 대형화 · 전문화를 통하여 경쟁력을 갖출 수 있도록 한다.

㉢ 투자자 보호를 통한 자본시장의 신뢰를 높이며, 자본시장의 혁신형 기업에 대한 자금공급 기능을 강화하는 등 자본시장의 활성화와 우리나라 금융산업의 발전을 위한 제도적 기반을 개선 · 정비하기 위함이다.

② 개정 이유

구 분	현 행	개 정
시세조종행위	• 시세조종행위로 취득한 부당이득을 몰수 또는 추징	• 시세조종행위에 제공하거나 제공하려 한 재산까지 몰수 또는 추징
금융투자업 인가체계	• 현행 금융투자업 인가체계가 복잡하고 업무추가에 따른 절차상 부담 등 보완이 필요하다는 지적 제기	• 인가단위 업무 추가 시에는 업무단위 추가 등록을 통해 완화된 심사요건을 적용 • 외국계 금융투자업자의 조직형태 변경 시 신규인가 요건 중 사업계획의 타당성 · 건전성, 인적 · 물적 설비, 대주주 요건에 대한 심사를 면제 · 완화함
투자자예탁금 지급	• 예치금융투자업자의 파산 또는 인가취소 등의 사유가 발생한 경우 예치금융투자업자가 예치기관에 예치 · 신탁한 투자자예탁금을 인출하여 투자자에게 지급	• 예치기관이 투자자의 청구에 따라 투자자예탁금을 투자자에게 직접 지급함으로써 투자자예탁금의 신속반환 지원 • 단기금융업 인가요건에 본인의 사회적 신용요건을 추가하여 부적격한 자가 단기금융업 인가를 받게 될 가능성 차단
계좌대여 알선 · 중개	• 계좌대여를 알선 또는 중개하는 행위에 대한 명시적인 처벌 근거가 부재	• 계좌대여 알선 · 중개 금지원칙을 명확히 밝히고 처벌규정 마련 • 모든 형태의 집합투자기구의 업무를 위탁받은 일반사무관리회사 등록 의무화

③ 주요 내용

　㉠ 계좌대여 알선 · 중개 금지원칙을 법률에 명확히 밝히고, 이를 위반하는 경우 5년 이하의 징역 또는 2억원 이하의 벌금에 처하도록 했다.

　㉡ 금융투자업인가를 받은 기존의 투자매매업자 · 투자중개업자가 같은 금융투자업의 종류에 속하는 금융투자상품을 구성요소로 하여 인가단위 업무를 추가할 경우 등록제를 적용하도록 하고, 업무단위 추가등록 시 대주주의 사회적 신용요건 및 사업계획 요건에 대한 심사를 면제했다.

　㉢ 외국 금융투자업자가 조직형태를 변경하여 기존 영업을 동일하게 영위하는 경우 단순한 형태변경임을 감안하여 업무추가 등록 기준을 적용함으로써 심사요건 일부를 면제 또는 완화했다.

　㉣ 예치금융투자업자의 파산 또는 인가취소 등의 사유가 발생한 경우 예치금융투자업자가 예치기관에 예치 · 신탁한 투자자예탁금을 인출하여 투자자에게 지급하도록 하고 있으나, 이를 예치기관이 투자자의 청구에 따라 투자자예탁금을 투자자에게 직접 지급하도록 했다.

　㉤ 투자회사형 집합투자기구뿐 아니라 모든 형태의 집합투자기구의 업무를 위탁받은 일반사무관리회사에 대하여 등록을 의무화했다.

　㉥ 단기금융업자의 인가요건에 본인의 건전한 재무상태와 사회적 신용을 갖출 것을 추가했다.

　㉦ 시세조종행위로 취득한 부당이득을 몰수 또는 추징하도록 하고 있으나, 시세조종행위에 제공하거나 제공하려 한 재산까지 몰수 또는 추징이 가능하도록 했다.

❷ 금융소비자 보호

(1) 예금자 보호제도

① 의 의

금융회사가 파산 등의 사유로 예금 등을 지급할 수 없는 경우, 고객이 맡긴 금융자산을 반환받지 못하게 되는데 이에 대비하여 일정 한도의 금액에서 고객의 예금을 보호하는 제도를 말한다.

② 보험금의 계산 등

예금자보호법에 따라 다음의 보험사고로 예금을 지급받을 수 없는 경우, 예금자는 1인당 원리금 합계를 최고 5천만원으로 보장을 받을 수 있다(예금자보호법 제32조 제2항, 동법 시행령 제18조 제6항 참고).

㉠ 부보금융회사의 예금 등 채권의 지급정지(제1종 보험사고)

㉡ 부보금융회사의 영업 인가 · 허가의 취소, 해산결의 또는 파산선고(제2종 보험사고)

③ 예금자 보호대상

㉠ 금융회사 : 은행, 보험회사, 투자매매업자 및 투자중개업자, 종합금융회사, 상호저축은행

㉡ 금융상품

구 분	보호상품	비보호상품
은 행	요구불예금, 적립식예금, 원금보전형 신탁, 외화예금, 확정기여형 퇴직연금 및 개인퇴직계좌 적립금 등	양도성예금증서(CD), 환매조건부채권(RP), 은행발행채권 · 특정금전신탁 등 실적배당형 신탁 및 개발신탁 · 수익증권, 뮤추얼펀드, MMF 등 간접투자상품 · 주택청약저축 등
보험회사	개인이 가입한 보험계약, 퇴직보험계약 · 확정기여형 퇴직연금 및 개인퇴직계좌 적립금 등	법인보험계약, 보증보험계약, 재보험계약 등
투자매매업자 · 투자중개업자	증권저축, 위탁자예수금, 저축자예수금, 수익자예수금 등의 현금 잔액 · 원금보전형 신탁 · 확정기여형 퇴직연금 및 개인퇴직계좌 적립금 등	유가증권, 증권사발행채권 · 수익증권, 뮤추얼펀드, MMF 등 간접투자상품 · 종합자산관리계좌(CMA), 랩어카운트, 주가지수연계증권(ELS), 주식워런트증권(ELW) 등
종합금융회사	발행어음, 표지어음, 어음관리계좌(CMA) 등	수익증권, 뮤추얼 펀드, MMF 등 간접투자상품 · 환매조건부채권(RP), 종금사발행채권, 양도성예금증서(CD), 기업어음(CP) 등
상호저축은행	보통예금, 저축예금, 정기예금, 정기적금, 신용부금, 표지어음 등	상호저축은행 발행채권 등 후순위채권

(2) 금융소비자 보호제도

① 사전 · 사후적 금융소비자 보호

사전적 금융소비자 보호	사후적 금융소비자 보호
• 금융상품 약관 • 영업행위준칙 • 정보제공 • 금융교육	• 금융민원 상담 • 금융민원 처리 • 금융분쟁조정제도

○ 사전적인 금융소비자 보호 : 주로 금융소비자의 불편이나 불이익이 발생하지 않도록 금융회사의 영업행위에 대한 감독이나 금융소비자의 금융역량 강화 등 사전적, 선제적으로 이루어지는 예방 조치들을 의미한다.

○ 사후적인 금융소비자 보호 : 이미 발생한 금융소비자의 피해에 대해 이를 어떻게 해결(구제, 분쟁 조정 등)하느냐에 보다 초점을 두고 있다.

② 금융상품 6대 판매원칙(금융소비자 보호에 관한 법률 제17조~제21조 참조)

○ 적합성원칙 : 금융상품판매업자 등은 금융상품에 관한 계약 시 상대방인 금융소비자가 일반금융소비자인지 전문금융소비자인지를 확인해야 한다. 이때 일반금융소비자의 정보를 고려하여 금융상품판매업자 등은 그 일반금융소비자에게 적합하지 않다고 인정되는 계약 체결을 권유해서는 안 된다.

○ 적정성원칙 : 금융상품판매업자는 일반금융소비자에게 계약 체결을 권유하지 않고 금융상품 판매 계약을 체결하려는 경우에는 미리 면담 · 질문 등을 통하여 해당 일반금융소비자의 정보(연령, 재산상황, 상품 취득 경험, 상품 이해도 등)를 파악해야 하며, 정보를 고려하여 해당 금융상품이 그 일반금융소비자에게 적정하지 않다고 판단되는 경우에는 그 사실을 알려야 한다.

○ 설명의무 : 금융상품판매업자 등은 일반금융소비자에게 계약 체결을 권유(금융상품자문업자가 자문에 응하는 것 포함)하는 경우 및 일반금융소비자가 설명을 요청하는 경우에는 해당 금융상품에 관한 중요한 사항(일반금융소비자가 특정 사항에 대한 설명만을 원하는 경우 해당 사항으로 한정)을 일반금융소비자가 이해할 수 있도록 설명해야 한다.

○ 불공정영업행위 금지 : 금융상품판매업자 등은 우월적 지위를 이용하여 금융소비자의 권익을 침해하는 행위를 해서는 안 된다.

○ 부당권유행위 금지 : 금융상품판매업자 등은 계약 체결을 권유(금융상품자문업자가 자문에 응하는 것 포함)하는 경우 금융소비자 보호 또는 건전한 거래질서를 해칠 우려가 있는 행위를 하여선 안 된다.

○ 광고 관련 준수사항(허위 · 과장 광고 금지) : 금융상품판매업자 등이 금융상품 등에 관한 광고를 하는 경우에는 금융소비자가 금융상품의 내용을 오해하지 않도록 명확하고 공정하게 전달해야 하며, 해당 금융상품에 대한 정보를 오인하게 하는 행위를 해서는 안 된다.

01 다음 중 사전적 금융소비자 보호제도를 모두 고른 것은? 금융-사고력

> ㄱ. 금융상품 약관 ㄴ. 영업행위준칙
> ㄷ. 금융민원 처리 ㄹ. 정보제공
> ㅁ. 금융분쟁조정제도 ㅂ. 금융교육
> ㅅ. 금융민원 상담

① ㄱ, ㄴ, ㄷ, ㄹ   ② ㄱ, ㄷ, ㅁ, ㅅ
③ ㄱ, ㄴ, ㄹ, ㅂ   ④ ㄴ, ㄹ, ㅂ, ㅅ
⑤ ㄴ, ㄷ, ㄹ, ㅁ

해설

사전 · 사후적 금융소비자 보호

사전적 금융소비자 보호	사후적 금융소비자 보호
• 금융상품 약관 • 영업행위준칙 • 정보제공 • 금융교육	• 금융민원 상담 • 금융민원 처리 • 금융분쟁조정제도

정답 ③

PART 01

금융

02 | 금융세제

1 금융상품과 과세

(1) 의 의

금융세제란 돈의 흐름에 따라서 생기는 세금제도이다. 금융상품에서 발생하는 소득에는 이자소득과 배당소득이 있으며, 금융소득이란 금융상품에서 발생하는 이자소득과 배당소득의 합을 의미한다.

(2) 이자소득

소득법상 이자 명목으로 얻어지는 소득이다.

채권, 증권의 이자와 할인액	• 국가나 지방자치단체가 발행한 채권 또는 증권의 이자와 할인액 • 내국법인이 발행한 채권 또는 증권의 이자와 할인액 • 외국법인의 국내지점 또는 국내영업소에서 발행한 채권 또는 증권의 이자와 할인액 • 외국법인이 발행한 채권 또는 증권의 이자와 할인액
예금의 이자 등	• 국내에서 받는 예금(적금 · 부금 · 예탁금과 우편대체 포함)의 이자 • 상호저축은행법에 의한 신용계 또는 신용부금으로 인한 이익 • 국외에서 받는 예금의 이자 • 채권 또는 증권의 환매조건부매매차익 • 저축성보험의 보험차익 • 직장공제회 초과반환금
비영업대금의 이익	• 금전의 대여를 사업목적으로 하지 아니하는 자가 일시적 · 우발적으로 금전을 대여함에 따라 지급받는 이자 등
기 타	• 금전 사용에 따른 대가와 이자소득 발생상품과 이를 기초로 한 파생상품이 실질상 하나의 상품과 같이 운용되는 파생상품

(3) 배당소득

주식, 펀드 등의 배당 또는 분배금으로 발생하는 소득을 말한다.

법인으로부터 받는 이익이나 잉여금의 배당 또는 분배금	• 내국법인으로부터 받는 이익이나 잉여금의 배당 또는 분배금 • 외국법인으로부터 받는 이익이나 잉여금의 배당 또는 분배금 • 법인으로 보는 단체로부터 받는 배당금 또는 분배금
배당으로 간주 또는 처분되는 소득 등	• 의제배당 • 법인세법에 따라 배당으로 처분된 금액 • 국제조세조정에 관한 법률 제17조에 따라 배당받은 것으로 간주된 금액

기 타	<ul><li>국내 또는 국외에서 받는 소득세법 시행령 제26조 제1항에서 규정하는 집합투자기구로부터의 이익</li><li>금 또는 은의 가격에 따라 수익이 결정되는 골드 · 실버뱅킹을 포함한 파생결합증권의 이익 및 파생결합사채의 이익</li><li>소득세법 제43조에 따른 공동사업에서 발생한 소득금액 중 같은 조 제1항에 따른 출자공동사업자의 손익분배비율에 해당하는 금액</li><li>수익분배의 성격이 있는 것과 배당소득 발생상품과 이를 기초로 한 파생상품이 실질상 하나의 상품과 같이 운용되는 파생상품</li></ul>

② 금융소득 종합과세

(1) 금융소득 종합과세 대상자

① 개인의 종합과세 대상 금융소득이 기준금액(2천만원)을 초과하는 경우에만 해당된다.

ㄱ 금융소득이 연간 2천만원을 초과하는 경우

- 2천만원까지는 원천징수세율(2005년 1월 1일부터 소득세 14%, 지방소득세 1.4%)로 분리과세한다.

- 2천만원을 초과하는 금액에 대하여 다른 종합소득과 합산하여 종합과세한다.

ㄴ 금융소득이 연간 2천만원 이하인 경우 : 종전과 같이 원천징수세율(소득세 14%, 지방소득세 1.4%)로 분리과세되고 종합과세 대상에서 제외된다.

② 단, 다음의 소득은 종합과세 기준금액(2천만원)의 이하인 경우에도 종합과세 대상이 된다.

ㄱ 국내에서 원천징수되지 않은 국외 금융소득

ㄴ 자본을 투자한 공동사업에서 분배 받은 배당소득

(2) 금융소득 종합과세 대상

① 금융소득

ㄱ 금융자산의 저축이나 투자에 대한 대가를 말하며, 소득세법에서는 이자소득과 배당소득을 총칭하는 개념이다.

- 이자소득 : 은행, 증권회사, 보험회사, 종합금융회사, 자산운용회사와 농 · 수협, 신용협동조합, 우체국, 새마을금고 등에서 받는 예 · 적금, 예탁금 등의 이자 및 국공채, 금융채, 회사채 등 채권에서 발생하는 이자와 할인액이다.

- 배당소득 : 주식 및 출자금에서 발생하는 이익 또는 잉여금의 분배금이다.

ㄴ 금융소득의 산입

> 금융소득 = 이자소득 + 배당소득

② 비과세 금융소득

  ㉠ 공익신탁의 이익, 장기저축성보험차익

  ㉡ 장기주택마련저축 이자 · 배당, 개인연금저축 이자 · 배당, 비과세종합저축 이자 · 배당(1명당 5천만원 이하), 농 · 어민 조합 예탁금 이자, 농어가 목돈 마련저축 이자, 녹색예금 · 채권 이자, 재형저축에 대한 이자 · 배당, 경과규정에 따른 국민주택채권 이자

  ㉢ 우리사주조합원이 지급받는 배당, 조합 등 예탁금의 이자 및 출자금에 대한 배당, 영농 · 영어조합법인 배당, 재외동포 전용 투자신탁(1억원 이하) 등으로부터 받는 배당, 녹색투자신탁 등 배당, 저축지원을 위한 조세특례제한법에 따른 저축에서 발생하는 배당

③ 분리과세 금융소득

  ㉠ 장기채권이자 분리과세 신청(30%), 비실명금융소득(42, 90%), 직장공제회 초과반환금(기본세율)

  ㉡ 7년(15년) 이상 사회기반시설채권이자(14%), 영농 · 영어조합법인(1천 2백만원 초과분)으로부터 받는 배당(5%), 농업회사법인 출자 거주자의 식량작물재배업소득 외의 소득에서 발생한 배당(14%), 사회기반시설투융자집합투자기구의 배당(5%, 14%), 해외자원개발투자회사 배당(9%, 14%), 세금우대종합저축 이자 · 배당(9%) 등

④ 종합과세 대상금융소득

  ㉠ ① − (② + ③)의 금액 중 2천만원을 초과하는 금액이 종합과세

  ㉡ ① − (② + ③)의 금액이 2천만원 이하인 경우에는 국내외 금융소득으로서 국내에서 원천징수되지 아니한 소득에 대해서는 종합과세, 그 외 금융소득은 원천징수로 분리과세

더 알아보기 ▶ 과세방법

- 종합과세 : 이자, 배당, 부동산임대, 사업, 근로, 연금, 기타소득 중 비과세소득과 분리과세 소득을 제외한 소득을 합산 · 누진세율을 적용하여 과세하는 방법이다.
- 분리과세 : 타소득과 합산되지 아니하고 분리과세 대상소득이 발생할 때에 건별로 단일세율에 의하여 원천징수 의무자가 원천징수함으로써 당해 소득자는 납세의 의무가 종결되는 과세방식이다.

01 다음 빈칸 안에 들어갈 종합과세의 대상이 되는 금융소득으로 옳은 것은?

> 종합과세 대상 금융소득에는 (ㄱ), (ㄴ)이 해당된다. 은행, 증권회사, 보험회사, 종합금융회사, 자산운용회사와 농·수협, 신용협동조합, 우체국, 새마을금고 등에서 받는 예·적금, 예탁금 등의 이자 및 국공채, 금융채, 회사채 등 채권에서 발생하는 이자와 할인액 등의 (ㄱ)이 과세대상이 된다. 일반적인 (ㄴ)은 지급시점에 잠정적으로 원천징수세율에 근거하여 소득세를 원천징수하고, 추후 해당 납세자가 금융소득 종합합산과세 대상에 해당하면 종합과세하는 방식으로 과세된다.

	ㄱ	ㄴ
①	연금저축 이자·배당	배당소득
②	연금저축 이자·배당	비실명금융소득
③	투자신탁	배당소득
④	이자소득	배당소득
⑤	이자소득	장기저축성보험차익

해 설
ㄱ. 이자소득 : 채권에서 발생하는 이자와 할인액이다.
ㄴ. 배당소득 : 주식 및 출자금에서 발생하는 이익 또는 잉여금의 분배금이다.

정 답 ④

PART

02

경 제

경제란 재화나 용역을 생산 · 분배 · 소비하는 활동을 말한다. 넓게 보면 인간이 공동생활을 하기 위해 필요한 재화와 용역을 생산 · 분배 · 소비하는 활동뿐만 아니라 그것을 통하여 형성되는 사회관계의 총체를 가리킨다. 따라서 앞으로 우리가 배우게 될 경제 파트에서는 시장경제와 경제활동, 경기변동, 경제안정화정책 등에 대한 문제가 주요 영역으로 출제된다.

구 분	주요 개념 및 내용
경제생활의 이해와 경제문제의 해결	• 희소성 • 기회비용과 매몰비용
시장과 경제활동	• 수요와 공급, 탄력성 • 시장균형과 사회후생 • 재화시장의 종류와 특징(독과점 · 독점적 · 완전경쟁시장)
시장실패와 정부의 역할	• 시장실패 현상과 원인 • 시장실패의 교정, 소득분배
국민경제의 이해	• 국민경제의 측정 • 국민경제의 순환
경기변동과 인플레이션, 실업	• 경기변동의 원인 • 물가와 인플레이션, 명목이자율과 실질이자율 • 실업의 측정방법, 실업의 유형과 원인 • 필립스곡선
경제안정화정책	• 재정정책, 정부구매, 조세정책 • 통화금융정책, 신용창조와 화폐 수요
국제경제의 이해	• 국제무역, 절대우위와 비교우위 • 외환시장과 환율제도

---

01 | 경제활동

■ 경제활동의 유형

(1) 의 의

경제활동은 생산 · 분배 · 소비활동으로 구성된다. 여기서 경제활동은 연속성을 가지는데 여기서 연속성이랑 생산 · 분배 · 소비활동이 각각 독립적인 활동이 아니라 상호 밀접하게 이루어지는 활동이라는 의미이다. 즉, 기업의 재화와 서비스는 가계소비의 대상이 되고, 기업의 생산과정에서 창출된 부가가치는 생산의 참여자들에게 소득의 형태로 분배되며, 이 소득은 가계소비의 원천이 된다.

(2) 생산활동

사람들에게 유용한 재화나 서비스(용역)을 만드는 모든 경제활동을 생산이라고 한다. 생산은 새로운 재화를 직접 만드는 일뿐만 아니라 그것을 보관 · 저장 · 운반, 판매 등의 일을 모두 포함하여 가치를 새롭게 만들어내거나 증가시키는 활동을 포함한다.

예 공장의 재화 생산, 물건의 운반이나 보관, 교사의 교육활동, 의사의 진료행위 등

(3) 분배활동

생산활동에 참여한 사람들이 그 대가로 돈을 지급받는 것이다. 생산과 소비는 물건에 대한 것이지만, 분배는 물건의 대가로 임금 · 지대 · 이윤을 지급하는 것이다.

예 직장인의 월급, 은행의 이자, 월세 납부, 주식의 배당 등

(4) 소비활동

분배를 통해 얻은 소득을 바탕으로 다시 필요한 재화와 서비스를 구매하여 사용하는 활동이다. 여기서 소비활동의 주체는 일반적으로 가계로 본다.

예 쇼핑, 공연 관람 등

더 알아보기 ▶ 마케팅 믹스(Marketing Mix)

마케팅 목표와 대상에 맞게 마케팅 수단을 결합하는 전략을 말한다. 미국의 에드먼드 제롬 매카시 교수에 의해 소개된 용어로, 기업은 마케팅 목표 고객층을 만족시키려 크게 4가지 마케팅 전략, 즉 '제품(Product), 가격(Price), 유통(Place), 촉진(Promotion)'을 적절히 섞어 사용한다는 것. 이를 4P라 부른다.

❷ 경제활동의 주체

경제활동의 주체는 개인이나 집단이며 이들의 활동에 따라 가계, 기업, 정부로 분류한다.

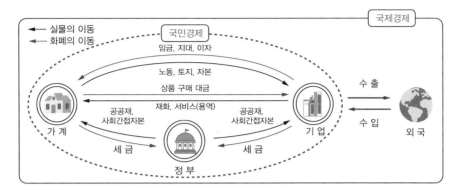

(1) 가 계

가계는 기업에 토지, 노동, 자본 등의 생산요소를 제공하고 그 대가로 임금·지대·이자 등의 요소소득을 얻는다. 요소소득은 가계가 다시 소비활동을 할 수 있는 원천이 되며, 소득 중에서도 일부는 저축하고, 국가에 세금을 납부한다. 즉, 가계는 생산활동에 기여하는 동시에 재화와 서비스를 소비하는 주체로서 소비활동을 한다. 가계는 소비활동에서 최소 비용을 들여 최대 만족을 얻고자 한다.

(2) 기 업

기업은 소비자에게 필요한 재화와 서비스(용역)를 생산하며 이를 운반, 판매하여 그 대가로 이윤을 얻는 생산활동의 주체이다. 기업의 생산활동의 목표는 생산 활동을 통한 이윤의 추구이다. 기업은 최소 비용으로 상품을 생산하여 매출을 신장시켜 최대 이윤을 남기기 위해 노력한다.

(3) 정 부

정부는 기업과 가계에서 제공받는 세금을 바탕으로 공공재와 사회간접자본을 생산하여 공급하며, 이 과정에서 재화와 서비스를 소비한다. 정부는 시장경제질서를 유지하고, 국민경제를 원활하게 운영하는 역할을 한다.

(4) 외 국

외국은 국내에서 생산된 재화와 서비스를 구매하는 해외소비자들로 볼 수 있다. 즉, 무역활동의 주체로 제4의 경제주체라고 불린다.

📖 알아보기 ▶ 컨슈머리즘(Consumerism)

소비자 주권 운동. 소비자들이 힘을 모아 기본 권리를 지키려는 이념을 말한다. 기술 혁신으로 대량의 신제품이 쏟아져나오고 소비 붐이 일어나자 1960년대 후반 이후 과대광고와 불량품이 등장하는 등의 현상이 일어났다. 상품의 잘못된 점을 시정하고, 더 나아가 기업의 활동 전반을 대상으로 소비자의 권리에 맞게 바꾸어나가고자 하는 운동이다.

보스턴컨설팅그룹이 개발한 기업의 경영 전략평가 기법을 말한다. 이에 따르면 기업은 사업 전략을 세울 때 시장점유율과 사업성장률을 고려한다. BCG 매트릭스는 X축에 시장점유율을 놓고, Y축에 시장성장률을 놓는다. 두 요소를 기준으로 기업들의 사업을 '스타 사업(성공 사업)', '현금젖소 사업(수익창출원 사업)', '물음표 사업(신규 사업)', '도그 사업(사양 사업)' 등 네 가지로 분류한다.

01 다음의 경제활동 중 분배활동에 해당되는 것은?　　　　　경제-사고력

① 마트에서 저녁 찬거리를 위해 배추를 구매하였다.
② 농부가 농사를 짓고 판매를 위해 사과를 도시로 운송하였다.
③ 주주가 보유 주식에 대한 배당금을 지급받았다.
④ 빵집 주인이 원재료 구매를 위해 밀가루를 샀다.
⑤ 교실에서 선생님이 경제과목을 가르치신다.

해 설
분배활동은 생산활동에 참여한 사람들이 그 대가로 임금 · 지대 · 이윤을 지급받는 것이다. 따라서 주주가 자신의 보유 주식에 대한 배당금을 받는 행위는 분배활동이라고 할 수 있다.

정답 ③

02 다음 자료에서 A에 대한 설명으로 옳은 것은?　　　　　경제-사고력

A는 생산과정에 참여한 대가를 주고받는 경제활동이다. A의 기준과 방식은 경제체제를 결정하는 요소로 작용한다. 시장경제체제에서 가격 기구에 의해, 계획경제체제에서는 정부계획에 의해 A가 이루어진다.

① 생산활동　　　　　　　　　② 소득활동
③ 소비활동　　　　　　　　　④ 지출활동
⑤ 분배활동

해 설
생산과정에 참여한 대가를 주고받는 경제활동은 분배활동이라 한다. 분배의 결과 가계가 취득한 소득은 소비나 저축으로 이어진다.

정답 ⑤

02 | 희소성

1 희소성의 원칙

(1) 배 경

인간의 욕구는 기술이 발달하고 사회가 발전함에 따라 더 확대되는 경향이 있다. 이에 반해 인간이 사용하는 자원, 노동, 일자리, 시간 등의 자원은 한정되어 있다.

(2) 희소성의 원칙

인간의 욕구는 무한한데 이를 충족시켜 줄 수 있는 자원은 한정되어 있다는 것으로(유한성), 이를 희소성의 원칙이라고 한다. 이러한 희소성의 원칙이 존재하기 때문에 경제적 선택의 문제가 발생한다. 즉, 희소성은 모든 경제이론의 출발점이라고 볼 수 있다.

2 자유재와 경제재

(1) 자유재(Free Goods)

희소성과 무관하고 경제적 가치가 없는 재화이다. 공기와 같이 거의 무한으로 존재하여 인간의 욕망에 대한 희소성이 없으며, 각 개인이 대가를 치르지 않고 자유롭게 처분할 수 있다. 이는 시장에서 거래되지 않으며 따라서 가격도 존재하지 않는다. 각 개인이 대가를 치르지 않는다는 점에서 무상재라고도 한다.

(2) 경제재(Economic Goods)

그 양이 한정되어 있어 희소성의 원칙이 지배하여 경제적 가치가 있는 재화이다. 경제재만이 경제 문제의 대상이 된다. 인간의 욕망을 만족시키는 데 도움이 되고, 동시에 그 존재량이 한정되어 있기 때문에 그것을 얻기 위해서는 어떠한 경제적인 대상(대가)이 필요하다. 경제재는 그 사용되는 목적에 따라 생산재(Producer's Goods)와 소비재(Consumer's Goods)로 다시 나뉜다.

01 다음은 일정한 기준에 따라 재화를 분류한 것이다. ㉠, ㉡에 대한 설명으로 옳지 않은 것은?

금융-분석력

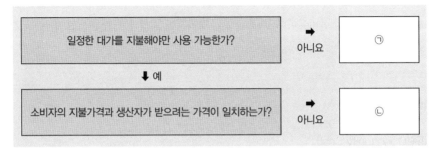

① ㉠은 대가를 지불하지 않고도 사용이 가능한 재화로, 시장거래의 대상이 되지 않는다.

② ㉠은 욕구에 비해 공급량이 너무 많아 희소성이 거의 없는 재화로 자유재라고 한다.

③ ㉡은 그 양이 한정되어 있어 희소성의 원칙이 지배하여 경제적 가치가 있는 재화이다.

④ ㉡은 존재량이 한정되어 있어 경제적인 대상(대가)을 통한 교환이 필요하다.

⑤ ㉠과 ㉡은 시장가격이 형성되지 않는다는 공통점이 있다.

해설 ....

㉠은 자유재, ㉡은 경제재로 경제재는 희소성의 원칙이 적용되어 가격이 형성되는 재화이다.

정답 ⑤

03 | 기회비용과 매몰비용

1 의의

자원이 희소하다는 것은 필연적으로 '선택'의 문제를 낳게 된다. 이러한 선택 상황을 설명하는 데 사용하는 개념이 기회비용과 매몰비용이다. 기회비용은 합리적인 선택과 연관이 있으며, 반대로 매몰비용은 다시 되돌릴 수 없는 결정과 연관이 있다.

2 기회비용과 매몰비용

(1) 기회비용(Opportunity Cost)

필요한 자원이 희소성을 지니고 있기 때문에 무언가를 선택한다면 다른 무언가는 포기하게 되는 것을 말한다. 어떤 선택을 함으로써 포기해야 하는 여러 대안 중 가장 가치가 큰 것을 말한다. '최소 비용으로 최대 만족'으로 생각할 수 있다. 경제학에서 말하는 비용은 일반적으로 기회비용의 개념이 된다. 여기서 금액으로 나타낼 수 있는 비용을 명시적 비용(회계적 비용)이라 하며, 금액으로 나타낼 수 없는 것을 묵시적 비용(암묵적 비용)이라 한다.

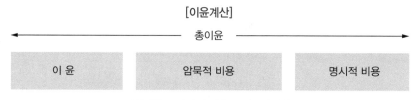

[이윤계산]

기회비용 = 명시적 비용 + 암묵적 비용

(2) 매몰비용(Sunk Cost)

어떤 일을 하는데 이미 진행된 부분이 있어서 새로운 선택의 의사결정에 영향을 미치는 것을 의미한다. 즉, 어떤 선택에 실제 지출된 비용 중 다시는 회수할 수 없는 비용으로 합리적 의사결정의 제약요인이 된다.

더 알아보기 ▶ 야성적 충동(Animal Spirit)

영국의 경제학자 존 메이너드 케인스가 언급한 개념으로서, 불안정한 인간 본성이 경제를 움직이고 있음을 말한다. 인간의 합리적이고 이성적이며 경제적인 판단으로만 경제가 돌아가는 것이 아니라, 인간의 비합리적이고 감정적이며 비경제적인 본성도 경제를 돌아가게 하는 요소라는 것이다.
케인스는 이 개념으로 대공황이나 경제 위기를 설명하고자 했는데, 시장에만 경제를 맡겨서는 안 되며 인간의 야성적 충동으로 인한 부정적 결과를 막기 위해서는 정부의 적극적 시장 개입이 필요하다고 보았다.

01 다음 자료에서 기회비용과 매몰비용을 해석한 내용으로 옳은 것은?   경제-분석력

> 유튜브로 동영상을 시청한다고 가정할 때, A는 유튜브 프리미엄을 매달 10,000원으로 구독하고 있고 B는 무료로 이용하고 있다. A의 구독료는 매달 5일 카드를 통해 자동으로 이체되며 그만큼 구독 기간도 연장된다. 만약 구독을 취소하는 경우에는 그 다음 달 5일까지 광고 없이 영상을 볼 수 있다.

① A의 명시적 비용은 0원이다.
② B의 명시적 비용은 1,000원이다.
③ A가 구독을 취소한다면 이는 매몰비용이 아니다.
④ B의 광고시청 시간은 묵시적 비용이라고 볼 수 있다.
⑤ A는 광고를 시청하지 않으므로 묵시적 비용이 없다.

해설
④ B는 유튜브를 무료로 이용하는 대신 영상 재생 전이나 중간에 광고를 보는데 이때 B가 유튜브 프리미엄을 이용했다면 영상을 끊이지 않고 더 빠르게 볼 수 있기 때문에 광고시청 시간에는 묵시적 비용이 존재한다고 볼 수 있다.
① · ② A는 유튜브 프리미엄을 매달 10,000원으로 구독하고 있고 B는 무료로 이용하고 있을 때 A의 명시적 비용은 10,000원이고, B의 명시적 비용은 0원이다.
③ A가 구독을 취소를 한 경우에도 결제한 달까지는 이용을 해야 하고, 구독료가 환불되는 것이 아니므로(선택을 번복해도 이미 지출된 비용 가운데 회수될 수 없는 만큼의 금액이므로) 이는 매몰비용이라고 볼 수 있다.
⑤ A는 유튜브 광고를 시청하지 않지만 영상을 보는 동안 다른 일을 할 수 있는 기회를 포기하게 되므로 묵시적 비용이 있다.

정답 ④

PART 02

경제

01	수요와 공급

▌1▐ 수 요

(1) 수요의 개념

① 수 요

어떤 가격에 대해 사람들이 사고자 하는 상품의 수량(구매능력), 욕구를 말한다.

② 수요량

주어진 가격 수준에서 소비자가 일정기간에 구입할 의사와 능력이 있는 최대수량을 의미한다.

(2) 수요의 법칙(Law of Demand)

가격 외의 요인(소득이나 기호 등)이 일정할 때 상품 가격과 시장 수요량 사이에는 역(−)의 관계가 성립한다. 즉, 다른 조건이 일정할 때 재화의 가격이 상승하면 그 재화의 수요량이 감소하고, 가격이 하락하면 수요량이 증가하는데 이러한 현상을 수요의 법칙이라고 한다. 수요곡선(Demand Curve)은 수요표를 그래프로 나타낸 것으로 재화의 가격과 수요량 간의 관계를 보여주며, 우하향하는 형태이다.

[수요곡선]

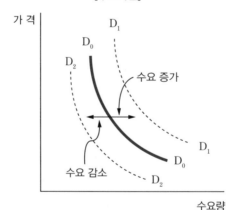

(3) 수요곡선에 영향을 주는 요인

① 가격의 변화

대체재나 보완재 등 연관되는 재화의 가격의 변화가 영향을 미친다.

② 가격 외 요인

소득의 변화, 기호 등 선호도의 변화, 인구의 크기, 과시 효과·의존 효과·투기 효과에 의해서도 영향을 받는다.

> **더 알아보기 ▶ 대체재와 보완재, 정상재와 열등재**
>
> | 대체재 | 한 재화의 가격이 상승(하락)할 때 다른 재화의 수요량이 증가(감소)하는 재화이다.
예 삼계탕과 추어탕, 버터와 마가린, 영화관과 OTT |
> | --- | --- |
> | 보완재 | 한 재화의 가격이 상승(하락)할 때 다른 재화의 수요량이 감소(증가)하는 재화이다.
예 컴퓨터와 소프트웨어, 샤프심과 샤프펜슬, 휘발유와 자가용 이용 |
> | 정상재 | 가격이 내리거나 소득이 증가하면 수요가 증가하고, 반대로 가격이 오르거나 소득이 감소하면 수요가 감소하는 재화이다.
예 소고기 가격이 오르자 소고기 소비가 줄어든 경우 |
> | 열등재 | 가격이 내리거나 소득이 증가하면 수요가 감소하고, 반대로 가격이 오르거나 소득이 감소하면 수요가 증가하는 재화이다.
예 돼지고기 가격이 오르자 돼지고기 수요가 늘어난 경우 |

2 공급

(1) 공급의 개념

① 공급

생산자가 재화와 서비스를 생산하고자 하는 욕구로 이윤이 남을 수 있는 상황이 되면 실행에 옮기게 될 구체적인 생산 의사를 말한다. 경제주체(공급자)가 상품을 판매하고자 할 때 제공하는 일정량을 말한다. 이때 상품가격과 공급량은 정(+)관계가 성립한다.

② 공급량

판매할 의사와 능력을 가진 판매자가 특정 가격에 팔려고 하는 재화나 서비스의 실제 수량을 말한다.

(2) 공급의 법칙(Law of Supply)

다른 조건이 일정할 때 어떤 재화의 가격이 상승(하락)하면 그 재화의 공급량이 증가(감소)하는 것을 말한다. 공급곡선(Supply Curve)은 공급표를 그래프로 나타낸 것으로 재화나 서비스의 가격과 공급량 사이의 관계를 보여준다. 공급곡선은 공급의 법칙에 따라 우상향한다.

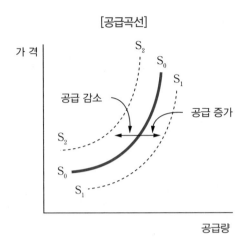

[공급곡선]

(3) 공급곡선에 영향을 주는 요인

① 가격의 변화

생산요소의 가격이 상승하면 직접생산비용을 증가시켜 수요가 줄어들게 된다.

② 생산기술의 변화

공급곡선은 기술 수준이 일정하다는 전제이다. 따라서 기술 개발에 따른 생산성 향상 등의 변화는 제품 한 단위당 생산비를 감소시켜 공급곡선이 이동하게 된다.

③ 정부 정책의 변화

정부의 규제나 조세, 보조금 역시 생산비를 변화시킨다.

④ 미래가치에 대한 변화

미래가격에 대한 예상에도 영향을 받는다.

③ 시장가격의 결정(균형)

(1) 균형의 의미

시장에서는 어떤 가격에서 사려는 힘인 수요량과 팔려는 힘인 공급량이 같아져 가격과 거래량이 일정 수준에서 결정된 상태가 '균형'이다. 따라서 수요곡선과 공급곡선의 교차점은 균형가격과 균형거래량이 결정되는 점이다. 균형가격에서는 '수요자 지불 의사 가격 = 공급자 생산 의사 가격'이 성립하고, 균형수량(거래량)에서는 '수요량 = 공급량'이 성립한다.

(2) 시장균형가격의 결정

시장경제에서는 시장의 수요곡선과 공급곡선이 만나는 점에서 균형이 달성되면, 수요와 공급에 영향을 주는 요인이 변하지 않는 한 이 상태를 계속 유지하려 할 것이다.

예상문제

01 수요와 공급에 대한 설명으로 옳지 않은 것은? 경제−지식

① 어떤 가격에 대해 사람들이 사고자 하는 상품의 수량(구매능력), 욕구를 수요라 한다.

② 생산자가 재화와 서비스를 생산하고자 하는 구체적인 생산의사를 공급이라 한다.

③ 소요곡선은 가격 외에도 소득의 변화, 기호 등 선호도의 변화, 인구의 크기, 과시 효과 · 의존 효과 · 투기 효과 등의 요인에 의해서도 영향을 받는다.

④ 가격의 변화에 대해서 수요가 민감하게 변하는 상품을 생산하는 사람은 가격을 낮추는 영업전략이 불리하다.

⑤ 버터와 마가린이 대체재 관계라고 할 때, 버터의 가격이 오르면 마가린의 수요가 크게 증가한다.

해 설
가격의 변화에 대해서 수요가 민감하게 변하는 상품을 생산하는 사람이 가격을 낮춘다면 상품의 수요가 증가할 것임으로 영업전략에 유리하다.

정 답 ④

PART 02

경제

02 다음 중 가격이 변화되는 원인이 다른 것은?

경제–사고력

① 중동지역에 전쟁이 발생하여 국제시장에서 원유의 공급이 감소함에 따라 원유가격이 상승하였다.

② 유기농 잡곡이 건강에 좋다는 사실에 사려는 사람이 늘어 유기농 잡곡의 가격이 상승하였다.

③ 미국 밀농사가 흉년이 들어 수입할 수 있는 밀의 양이 줄어들어 밀 가격이 상승하였다.

④ 올해 쌀농사가 풍년이 들어 쌀 공급량이 늘어나 쌀 가격이 하락하였다.

⑤ 저렴한 외국산 멸균우유의 수입이 증가하자 국내산 우유의 공급을 늘리고 가격을 소폭 상승하였다.

해설 ┄┄

다른 예시는 가격의 변화가 공급량의 제한으로 인해 가격이 상승되거나 하락한 것이다. 이에 반해 국내산 우유는 공급이 늘어났는데 가격은 상승하였다.

정답 ⑤

---

03 다음은 '마켓'이라는 이름의 국산 전기자동차의 수요곡선 변화를 나타낸 것이다. 이에 대한 설명으로 옳지 않은 것은?

경제–사고력

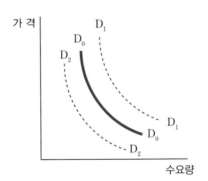

① 수요곡선은 D_2, D_0, D_1 모두 우하향하는 형태이다.

② 전기자동차의 배터리 폭발문제가 뉴스에 보도되면 D_1로 변화한다.

③ 유명 연예인이 드라마에서 마켓을 타고 다니면 D_0에서 D_1로 변화한다.

④ 휘발유 가격이 지속적으로 상승하면 D_1로 변화한다.

⑤ 비슷한 가격의 외국산 전기자동차의 관세를 인하하면 D_1로 변화한다.

해설 ┄┄

배터리 폭발문제는 소비자의 구매욕을 하락시키는 것으로 D_2로 변화한다.

정답 ②

■ 가격탄력성

(1) 의 의

탄력성이란 가격이 변할 때 수요량이 변하는 정도를 수치로 측정한 것이다. 가격변화에 비해 수요량 변화가 크면 탄력적이라고 하고, 가격 변화에 비해 수요량 변화가 크지 않으면 비탄력적이라고 한다. 즉, 탄력성은 가격이 1% 변했을 때, 수요량과 공급량이 얼마나 변했는지를 나타내주는 지표라고 볼 수 있다.

(2) 수요의 가격탄력성과 공급의 가격탄력성

① 수요의 가격탄력성

　㉠ 상품의 가격이 변할 때, 수요량이 얼마나 변동하는지를 나타내는 것으로 수량의 변동률을 가격변동률로 나눈 값이다.

$$\text{수요의 가격탄력성} = \frac{\text{수요량의 변동률(\%)}}{\text{가격변동률(\%)}} = \frac{\frac{\text{변화 후 수량} - \text{변화 전 수량}}{\text{변화 전 수량}}}{\frac{\text{변화 후 가격} - \text{변화 전 가격}}{\text{변화 전 가격}}}$$

　㉡ 수요의 가격탄력성 구분

　　• 탄력적 : 수요의 가격탄력성이 1보다 큰 경우

　　• 단위탄력적 : 수요의 가격탄력성이 1인 경우

　　• 비탄력적 : 수요의 가격탄력성이 1보다 작은 경우

② 공급의 가격탄력성

　㉠ 공급량이 얼마나 변동하는지를 나타내는 것으로 공급량의 변동률을 가격변동률로 나눈 값이다.

$$\text{공급의 가격탄력성} = \frac{\text{공급량의 변동률(\%)}}{\text{가격변동률(\%)}} = \frac{\frac{\text{변화 후 수량} - \text{변화 전 수량}}{\text{변화 전 수량}}}{\frac{\text{변화 후 가격} - \text{변화 전 가격}}{\text{변화 전 가격}}}$$

　㉡ 공급의 가격탄력성의 구분

　　• 탄력적 : 공급의 가격탄력성이 1보다 큰 경우

　　• 단위탄력적 : 공급의 가격탄력성이 1인 경우

　　• 비탄력적 : 공급의 가격탄력성이 1보다 작은 경우

③ 탄력성과 총지출의 관계

　　㉠ 가격탄력성이 1이면 단위탄력적이라고 하고, 1보다 크면 탄력적, 1보다 작으면 비탄력적이라고 한다.

　　㉡ 수요가 탄력적이라면 가격이 상승하는 경우 총지출이 감소하고 가격이 하락하는 경우 총지출이 증가한다.

　　㉢ 수요가 비탄력적이라면 가격이 상승하는 경우 총지출이 증가하고 가격이 하락하는 경우 총지출이 감소한다.

　　㉣ 수요가 단위탄력적이면 가격이 변해도 총지출은 변하지 않는다.

　　㉤ 탄력성과 총지출의 관계 정리

구 분	가격 변화	수요량 변화	총지출 변화
탄력성 > 1	1% 상승	1% 이상 감소	감 소
	1% 하락	1% 이상 증가	증 가
탄력성 = 1	1% 상승	1% 감소	불 변
	1% 하락	1% 증가	
탄력성 < 1	1% 상승	1% 이하 감소	증 가
	1% 하락	1% 이하 증가	감 소

더 알아보기 ▶ 총지출과 총수입

총지출은 수요량과 가격의 곱으로 나타낸다. 수요가 가격에 탄력적인 경우 가격이 1% 상승하면 수요량은 1%보다 더 크게 감소하기 때문에 이 둘을 곱한 총지출은 감소하는 것이다. 소비자 입장에서 총지출은 생산자 입장에서 총수입이 되는데 수요가 가격에 비탄력적인 경우 반대로 가격이 올라가면 총수입이 증가하는 효과가 있다.

(3) 탄력성과 수요곡선의 기울기

수요곡선은 가격과 수요량의 관계를 나타낸 곡선이다. 만약 수요가 탄력적이라면 가격이 1% 하락할 때 수요량은 1% 이상 큰 폭으로 증가할 것이고, 반대로 수요가 비탄력적이라면 가격이 1% 하락할때 수요량은 1% 이하로 조금만 증가할 것이다. 따라서 수요곡선이 비탄력적이라면 탄력적인 경우보다 더 가파르게 그려진다.

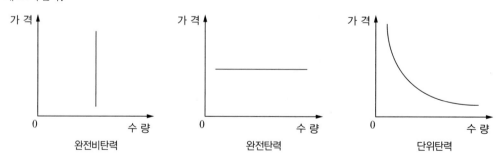

❷ 가격탄력성에 영향을 미치는 요인

(1) 수요의 가격탄력성에 영향을 미치는 요인

① 대체재의 유무

대체재의 수에 따라 가격탄력성이 달라진다. 대체재를 찾기 쉽다면(대체제가 많은 경우) 수요는 가격 변화에 더 민감하게 반응한다.

ㆍ 휘발유의 가격이 인상되면 소비자가 대체재를 찾는 것은 매우 어려운 일이기 때문에 휘발유의 수요 탄력성은 매우 낮다.

② 측정시간

측정 시간이 길어질수록 소비 조정 시간이 길어져 가격탄력성은 커진다. 충분한 시간이 주어지면 소비자가 시장에서 적당한 대체재를 찾기 때문이다.

ㆍ 휘발유 가격 상승이 길어지면 하이브리드차나 전기차 같은 대체재가 등장하여 휘발유 이용 차량은 감소하고 휘발유 소비가 크게 감소할 수도 있다.

③ 고려되는 상품의 범위

고려되는 상품의 범주가 클수록 가격탄력성은 작아진다.

ㆍ 발렌타인데이, 졸업식 등으로 2월에 장미의 수요가 늘어나 가격이 상승하였을 경우, 사람들이 대체재로 튤립을 구매한다고 가정하였을 때 '장미'와 '튤립'은 '꽃'이라는 전체 수요량 안에 포함되기 때문에 꽃시장 전체 수요량은 동일하다.

(2) 공급의 가격탄력성에 영향을 미치는 요인

① 단기간 생산량 변화가능성

생산량을 단기간에 쉽게 조절하기 어려워 공급의 가격탄력성이 매우 작다.

ㆍ 아파트 매매가는 가격이 올라도 단기간에 공급을 증가시키기 어렵기 때문에 공급의 가격 탄력성이 매우 적다.

② 공급시간

공급계획이 장기간일수록 가격탄력성은 커진다. 생산에서 시설변화ㆍ신규기업의 진입과 퇴출 등의 변화가 가능하기 때문에 일반적으로 장기 공급 탄력성이 단기에 비해 더 크다.

ㆍ 유명 캐릭터의 스티커를 주는 빵은 매번 품절되고 초기에는 수요를 감당하지 못했지만 최근 공장을 신설하여 공급을 늘렸다.

③ 생산요소 간 대체가능성

생산요소 간 대체가능성이 클수록 가격탄력성이 크다. 생산기간이 짧고, 저장가능성이 높으면 더 탄력적이다.

ㆍ 노동이나 자본 간 대체가능성이 클수록 가격이 오르면 생산량을 늘리기 쉽다.

01 A제품과 B제품의 수요의 가격탄력성을 비교한 것으로 옳은 것은? 경제-사고력

구 분	가격 변화	판매수입 변화
A제품	10% 할인	5% 증가
B제품	5% 인상	10% 감소

	A제품	B제품
①	비탄력적	탄력적
②	단위탄력적	비탄력적
③	탄력적	비탄력적
④	비탄력적	단위탄력적
⑤	탄력적	단위탄력적

해설

가격 탄력성이 1이면 '단위탄력적'이라고 하고, 1보다 크면 탄력적, 1보다 작으면 비탄력적이라고 한다. A제품의 가격탄력성은 0.5이고, B제품의 가격탄력성은 2이다. 따라서 A제품은 비탄력적이고, B제품은 탄력적이다.

정답 ①

02 탄력성과 총지출의 관계로 옳은 것은? 경제-지식

① 가격탄력성이 1이면 탄력적, 1보다 작으면 비탄력적이라고 한다.

② 수요가 탄력적이라면 가격이 하락하는 경우 총지출이 감소한다.

③ 수요가 비탄력적이라면 가격이 상승하는 경우 총지출이 감소한다.

④ 수요가 단위탄력적이면 가격이 변해도 총지출은 변하지 않는다.

⑤ 수요가 비탄력적이라면 가격이 하락하는 경우 총지출이 증가한다.

해설

① 가격탄력성이 1이면 '단위탄력적'이라고 하고, 1보다 크면 탄력적, 1보다 작으면 비탄력적이라고 한다.

② 수요가 탄력적이라면 가격이 상승하는 경우 총지출이 감소하고 가격이 하락하는 경우 총지출이 증가한다.

③ · ⑤ 수요가 비탄력적이라면 가격이 상승하는 경우 총지출이 증가하고 가격이 하락하는 경우 총지출이 감소한다.

정답 ④

■ 시장균형의 결정

(1) 시장균형의 개념

시장균형은 시장에서 수요량과 공급량이 일치하는 상태를 말하며, 시장균형에서의 가격을 균형 가격, 거래량을 균형 거래량이라고 한다.

(2) 시장불균형

① 초과 수요(수요량 > 공급량)

시장가격이 균형 가격보다 낮아 수요량이 공급량보다 많은 상태이다.

② 초과 공급(공급량 > 수요량)

시장가격이 균형 가격보다 높아 공급량이 수요량보다 많은 상태이다.

(3) 시장균형의 변동

① 수요 증가 → 초과 수요 발생 → 가격 상승(수요량 감소, 공급량 증가) → 균형 가격 상승, 균형 거래량 증가

② 수요 감소 → 초과 공급 발생 → 가격 하락(공급량 감소, 수요량 증가) → 균형 가격 하락, 균형 거래량 감소

③ 공급 감소 → 초과 수요 발생 → 가격 상승(수요량 감소, 공급량 증가) → 균형 가격 상승, 균형 거래량 감소

④ 공급 증가 → 초과 공급 발생 → 가격 하락(공급량 감소, 수요량 증가) → 균형 가격 하락, 균형 거래량 증가

(4) 시장균형에 대한 평가

① 자유로운 시장은 공급된 재화를 지불용의가 가장 큰 수요자에게 배분되도록 한다.

② 자유로운 시장은 생산비가 가장 저렴한 공급자에게 수요가 배분되도록 한다.

③ 자유로운 시장에서 생산된 재화의 수량은 소비자 잉여와 생산자 잉여의 합을 극대화하는 수량이다.

PART 02

경제

2 소비자 잉여와 생산자 잉여, 사회적 잉여

(1) 소비자 잉여(Consumer's Surplus)

① 의 미

소비자가 지불할 용의가 있는 최대 가격과 시장가격과의 차이의 합이다.

② 특 징

구입자의 지불용의(Willingness to Pay)에서 구입자가 실제로 지불한 금액을 뺀 나머지 금액, 지불 용의에서 실제로 지불한 금액을 뺀 나머지 금액을 말한다. 지불용의란 여기서 구입 희망자가 어떤 재 화를 구입하기 위해 지불하고자 하는 최고 금액이다.

③ 산 식

> 소비자가 지불하고자 하는 금액 – 소비자가 실제로 지불한 금액

(2) 생산자 잉여(Producer's Surplus)

① 의 미

생산자가 받으려고 하는 최소 가격과 시장가격과의 차이의 합이다.

② 특 징

공급자가 실제로 받은 금액에서 공급자가 그 물건을 제공하는 비용(Cost)을 뺀 나머지 금액을 말한 다. 여기서 비용은 재화를 생산하기 위해 생산자가 포기해야 하는 모든 것의 가치이다.

③ 산 식

> 생산자가 실제로 받은 금액 – 생산자가 받고자 하는 금액

(3) 사회적 잉여(Total Surplus)

① 소비자 잉여와 생산자 잉여의 합이다.

② 시장의 균형 가격으로 거래될 때 사회적 잉여가 극대화된다.

[균형가격의 결정]

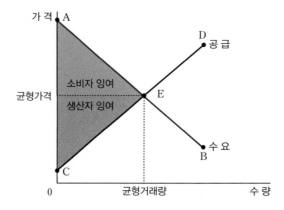

소비자가 기업의 고객으로 관계 맺고 있는 동안의 총 수익을 말한다. 단기적 이익 창출에 집중하는 것이 아닌, 고객이 남은 생애 동안 기업의 제품 혹은 서비스를 지속적으로 소비한다고 가정하고 고객 가치를 측정하는 것이다. 「데이터베이스 마케팅(Database Marketing)」의 저자 로버트 쇼가 소개한 개념으로, 보다 장기적으로 수익성 높은 고객과의 관계를 향상시켜 나가는 데 집중할 수 있게 한다.

예상문제

01 소비자 잉여와 생산자 잉여에 대한 설명으로 옳지 않은 것은?   경제-지식

① 소비자 잉여란 소비자가 지불할 용의가 있는 최대 가격과 시장가격과의 차이의 합을 말한다.

② 생산자 잉여란 생산자가 받으려고 하는 최대 가격과 시장가격과의 차이의 합을 말한다.

③ 소비자 잉여와 생산자 잉여의 합은 사회적 잉여라 한다.

④ 소비자가 지불하고자 하는 금액에서 소비자가 실제로 지불한 금액을 빼면 소비자 잉여가 된다.

⑤ 생산자가 실제로 받은 금액에서 생산자가 받고자 하는 금액을 빼면 생산자 잉여가 된다.

해설
생산자 잉여란 생산자가 받으려고 하는 최소 가격과 시장가격과의 차이의 합을 말한다.

정답 ②

02 한 · 파나마 자유무역협정(FTA)이 발효된 지 한 달 정도 지났다. 다음 중 관세를 인하한 자동차시장의 변화에 대해 서술한 내용 중 옳지 않은 것은?

금융-분석력

> ㄱ. 국내 자동차의 생산자 잉여는 변화가 없다.
> ㄴ. 수입차의 수입량은 증가한다.
> ㄷ. 국내 소비자의 소비자 잉여는 증가한다.
> ㄹ. 자동차 수입으로 발생하는 정부의 관세수입은 일반적으로 감소한다.
> ㅁ. 사회적 총잉여는 증가할지 감소할지 알 수 없다.

① ㄱ, ㅁ   ② ㄴ, ㄷ
③ ㄱ, ㄹ   ④ ㄴ, ㅁ
⑤ ㄷ, ㄹ

해설

ㄱ. 관세율이 하락하게 되면 국내 자동차 생산업자의 경우에는 가격 하락과 판매량 감소가 따를 가능성이 크므로 생산자 잉여가 감소한다.
ㅁ. 사회적 총잉여는 관세 부과 시 존재하였던 국내 자동차 생산업자의 과잉생산에 의한 손실이 사라지고, 국내 소비자의 과소소비에 의한 손실이 사라지기 때문에 증가한다.

정답 ①

04 | 시장에 대한 규제

1 시장에서의 가격결정과 정부의 개입

(1) 시장가격의 결정

① 시장가격

    ㉠ 수요량과 공급량이 일치하는 곳에서 결정된다.

    ㉡ 수요량과 공급량이 일치하는 곳은 수요곡선과 공급곡선의 교차점이다.

② 시장균형가격

    수요곡선과 공급곡선의 교차점에서 형성되는 가격으로 팔려는 양과 사려는 양이 균형을 이룬 상태이다.

(2) 시장가격의 효과

① 합리적 경제활동을 위한 신호 역할을 하며, 시장 자원이 효율적으로 배분된다.

② 수요측면에서 가격은 재화를 가장 필요로 하는 사람이 사용할 수 있도록 만들어준다.

③ 공급측면에서 가격은 생산자가 얼마나 생산할 것인가를 결정해준다.

(3) 정부의 개입

① 개입이 일어나는 경우

    정부의 입장에서 시장가격이 생산자나 소비자에게 공평하지 않은 경우에 개입이 일어난다.

    예 부동산 임대료가 너무 비싸 최저생계가 보장되지 않는 경우, 대부업체 이율이 지나치게 높은 경우, 농산물의 가격이 폭락해 농민들의 재정수급에 어려움이 있는 경우

② 대응 방안

    ㉠ 가격상한제(Price Ceiling) : 가격에 대한 정부의 규제는 가격이 일정한 수준 이상으로 올라가는 것을 막는다.

    ㉡ 가격하한제(Price Floor) : 가격이 일정한 수준 이하로 내려가는 것을 막는다.

② 최고가격제(가격상한제)

(1) 의 의
① 최고가격제의 개념
  ㉠ 시장의 균형가격이 너무 높을 경우 정부가 시장가격보다 낮은 수준에서 가격의 상한선을 정해 놓고, 시장가격이 그 위로 올라가지 못하도록 규제를 하는 것을 말한다.
  ㉡ 최고가격은 시장균형가격보다 낮게 설정된다.
② 예 시
  ㉠ 정부가 아파트의 시장가격이 너무 높다고 판단되면 아파트 거래 가격을 시장균형가격보다 낮은 수준에서 규제한다.
  ㉡ 금융기관의 최고 이자를 정하면 정부가 대부시장에 개입하여 최고이자율을 정해 상한선을 설정한다. 만약 연 20%로 최고 이자를 정하면 돈의 사용료를 원금의 20% 가격으로 제한하는 것이며 그 이상의 이자를 받는 경우 불법 거래가 된다.

(2) 최고가격제의 결과
① 정부가 최고가격제를 실시하면 초과수요가 발생하게 된다.
② 원하는 만큼 재화가 공급되지 못하고, 재화의 배분은 가격이 아니라 추첨이나 선착순과 같이 가격경쟁 이외의 다른 방식으로 해결된다.

③ 최저가격제(가격하한제)

(1) 의 의
① 최저가격제의 개념
  시장에서 형성되는 균형가격이 너무 낮아서 그 가격을 적용하기 어렵다고 판단될 경우에는 정부가 시장가격보다 높은 수준에서 가격의 하한선을 정하는 것을 말한다.
② 예 시
  대표적으로는 최저임금제가 있다. 노동시장에서 형성되는 임금이 너무 낮아 최저생계비에 못 미친다고 판단될 경우 정부는 현재의 시장임금보다 높은 수준에서 최저임금을 정한다.

(2) 최저가격제의 결과
① 최저가격제가 실시되면 일반적으로 공급량이 수요량을 초과하여 초과공급이 발생하게 된다.
② 초과공급은 가격경쟁 이외의 다른 방식을 통해 해결하게 된다. 예를 들어 최저임금제의 경우 노동공급자(초과공급)가 많아졌다면, 모든 노동자가 질이 동일하다고 가정했을 때 선착순으로 선정하는 등의 취업 현상이 생겨나게 된다.

[임대주택시장과 노동시장으로 본 최고가격제와 최저가격제의 예]

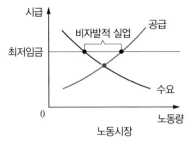

📈 예상문제

01 다음 신문기사에 나타난 정부의 가격규제 형태로 옳은 것은? 경제-사고력

식품의약품안전처(이하 식약처)가 약국과 편의점에서 소분해 판매하는 자가검사키트의 개당 가격을 6,000원으로 결정했다. 또 정부는 약국의 자가검사키트 판매 수량 등에 대한 경찰의 집중 단속을 발표했다. 앞서 정부는 매점매석·폭리를 막겠다며 1인 1회 5매 구입 수량을 제한하고 약국과 편의점에서의 자가검사키트 소분 판매 허용을 발표했다. 사실상 시장에 개입해 자가검사키트의 관리를 선언한 셈이다. 그간 약사들은 약국 공급가에 맞춰 판매가를 책정해 왔지만 정부가 최고가 선을 정해버린 탓에 약국은 이에 대한 항의를 우려하지 않을 수 없게 됐다.

① 최고가격제   ② 최저가격제
③ 녹색가격제   ④ 잠정가격제
⑤ 공시가격제

해설
정부가 최고가 선을 정했다는 내용에서 최고가격제(가격상한제)임을 유추할 수 있다. 자가검사키트는 공공 목적으로 사용되며, 지나치게 가격이 올라갈 경우 서민들이 사용하기 어렵기 때문에 정부가 개입하여 최고가격제를 함으로써 소비자를 보호하기 위해 시행한 것이라 볼 수 있다.

정답 ①

05 | 재화시장의 종류와 특징

1 재화시장의 분류

경제학에서의 시장은 생산자(기업)의 수(경쟁 강도)에 따라 크게 완전경쟁시장, 독점적 경쟁시장, 과점시장, 독점시장으로 분류한다.

알아보기 ▶ 생산자 수에 따른 시장의 유형

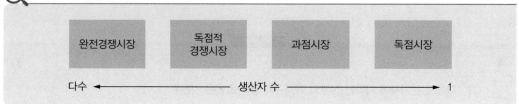

2 완전경쟁시장

(1) 개 념
① 동일한 상품을 취급하는 수많은 공급자와 수요자로 구성되어 있어서 모든 사람이 가격수용자인 시장으로 가장 이상적인 시장 형태라고 한다.
② 생산자의 수가 많아 특정 기업이 시장지배력을 행사할 수 없다.
③ 상품의 질이 동질적이어야 한다(일물일가의 법칙)는 제한 조건을 충족하기 어렵기 때문에 현실에서 예시로 찾기 어렵다.

(2) 완전경쟁시장의 조건
① 완전경쟁시장에서 공급자와 수요자는 재화의 가격을 주어진 것으로 받아들이는 가격수용자(Price Taker)이다.
② 완전경쟁시장에서 공급자들이 생산하는 제품은 완전 동질적(Homogeneous)인 재화로, 서로 대체가 가능한 관계에 있다.
③ 완전경쟁시장은 기업의 자유로운 진입과 퇴출이 가능하며, 생산요소(토지ㆍ노동ㆍ자본 등)의 자유로운 이동이 보장된 시장이다.
④ 완전경쟁시장에서는 모든 경제주체가 완전한 정보(Perfect Information)를 보유하고 있다.

3 독점적 경쟁시장

(1) 개 념

① 다수의 기업이 각기 다른 이질적인 재화를 생산하여 공급하는 시장이다.

② 독점적 경쟁시장은 독점시장과 완전경쟁시장의 성격이 혼합된 시장이다.

③ 독점적 경쟁시장의 독점시장적 요소는 우하향하는 수요곡선에서 나온다.

④ 특정 소비 집단에서 독점 효과를 내는 시장이다.

(2) 특 징

① 생산자는 시장에서 설정된 가격을 수동적으로 수용하지 않고, 시장에 대해 어느 정도의 지배력을 가지고 자신만의 가격을 재화에 매길 수 있다.

② 독점적 경쟁시장 속 기업은 판매하려고 하는 재화의 특성과 가격 측면에서 다른 기업들과 경쟁해야 한다. 이것이 바로 독점적 경쟁시장의 (완전)경쟁시장적 요소이다.

③ 다른 종류의 시장과 달리 판매하는 재화의 속성이 기업마다 약간씩 다를 수 있어, 재화의 특성으로도 다른 기업들과 경쟁할 수 있다.

④ 새로 시장에 진입하는 잠재기업들을 차단하는 진입장벽이 존재하지 않는다.

(3) 예 시

패스트푸드 산업 중 KFC처럼 닭을 위주로 하는 사업, 버거의 크기로 승부하는 버거킹, 저렴한 가격대로 승부하는 맥도널드 등 같은 패스트푸드라는 재화이지만 패스트푸드 시장 내에서 경쟁하는 기업들의 재화를 하나하나 살펴보면 약간씩 그 종류가 다르다. 기업은 그가 판매하는 패스트푸드에 대해 어느 정도의 시장지배력을 가지고 자신이 재화의 가격을 설정할 수 있다.

4 과점시장

(1) 개 념

① 어떤 재화의 수요자 또는 공급자가 소수인 상황인 시장이다.

　　예 우리나라의 경우 이동통신회사, 가전제품, 자동차 등의 회사

② 과점시장의 기업은 경쟁 기업의 행동을 고려하면서 이윤을 극대화할 수 있도록 생산량과 가격을 결정한다.

(2) 과점시장의 특성

① 치열한 경쟁으로 인한 '상품 차별화'를 시도한다.

② 상대 회사의 반응을 고려해 자신의 행동을 결정해야 하는 전략적 상황이 존재한다.

③ 다른 회사와의 경쟁을 애써 피하려 하는 담합의 가능성이 있다.

자진신고자 감면제도. 담합 등 불공정행위를 제일 먼저 자진신고한 기업에게는 처벌을 감면해 줌으로써 자진신고를 유도하는 제도이다. '죄수의 딜레마(Prisoner's Dilemma)' 이론을 활용한 제도로서, 시장을 지배하고 있는 기업들의 담합을 내부고발 없이는 적발하기 쉽지 않기에 마련된 것이다. 국내에서는 1997년 첫 도입 당시 과징금 감면율 75%로 시작해, 2005년부터 현재까지 첫 신고 기업에는 100%, 두 번째 신고 기업에는 50%의 감면율을 적용해주고 있다.

5 독점시장

(1) 개 념

① 한 상품의 공급이 하나의 기업에 의해서만 이루어지는 시장이다.

　예 철도, 전력, 상수도 등의 공기업

② 진입장벽을 활용해 장기적으로 초과이윤 확보가 가능한 시장이다.

(2) 특 징

① 단일기업을 독점기업이라 하고, 독점기업이 공급하는 재화나 용역을 독점상품이라 한다.

② 독점기업은 유일한 생산자이자 시장가격에 영향을 줄 수 있는 가격설정자이다.

③ 독점시장에서 기업이 직면하는 수요곡선은 곧 시장의 수요곡선이라고 할 수 있다.

더 알아보기 ▶ 산업구조분석모형(5 Forces Model)

미국의 마이클 포터 교수가 발표한 기법으로, 파이브 포스 모델이라고도 한다. '파이브 포스'는 다음과 같은 5가지 경쟁요인을 뜻한다. ① 기존 기업 간 경쟁 정도, ② 신규 기업 진입 위협, ③ 대체재의 위협, ④ 구매자의 협상력, ⑤ 공급자의 협상력. 이중 하나라도 강해져 수익률이 감소하는 일이 발생하지 않도록, 기업이 스스로 위협 요인을 분석하고 대처하기 위한 경영전략을 세울 목적으로 주로 이용된다.

01 다음 설명에 맞는 시장으로 옳은 것은?

경제-지식

> • 치열한 경쟁으로 인한 '상품 차별화'를 시도한다.
> • 상대 회사의 반응을 고려해 자신의 행동을 결정해야 하는 전략적 상황이 존재한다.
> • 다른 회사와의 경쟁을 애써 피하려 하는 담합의 가능성이 있다.

① 완전경쟁시장　　　　　　　　　② 독점적 경쟁시장
③ 과점시장　　　　　　　　　　　④ 독점시장
⑤ 생산시장

해 설
과점시장은 어떤 재화의 수요자 또는 공급자가 소수인 상황인 시장이다. 과점시장의 기업은 경쟁 기업의 행동을 고려하면서 이윤을 극대화할 수 있도록 생산량과 가격을 결정한다.

정 답 ③

02 다음 설명에 맞는 시장으로 옳은 것은?

경제-지식

> • 동일한 상품을 취급하는 수많은 공급자와 수요자로 구성되어 있어서 모든 사람이 가격 수용자인 시장으로 가장 이상적인 시장 형태라고 한다.
> • 생산자의 수가 많아 특정 기업이 시장지배력을 행사할 수 없다.
> • 상품의 질이 동질적이어야 한다는 제한 조건을 충족하기 어렵기 때문에 현실에서 예시로 찾기 어렵다.

① 완전경쟁시장　　　　　　　　　② 독점적 경쟁시장
③ 과점시장　　　　　　　　　　　④ 독점시장
⑤ 생산시장

해 설
완전경쟁시장은 다수의 생산자 수와 수요자 수로 구성되어 다수의 공급자와 수요자, 동질적인 상품, 완전한 정보라는 세 가지 조건을 갖춘 시장이다. 현실에서는 그 예시를 찾기 힘들어 완전경쟁시장은 우리의 일상생활과는 거리가 먼 이상적인 시장으로 묘사된다.

정 답 ①

PART 02

경제

CHAPTER 03 시장실패와 정부의 역할

01 | 시장실패

1 의 의

(1) 시장실패 현상

① 개 념

시장실패란 가격에 의해 자원이 효율적으로 배분되지 못한 상태를 말한다. 재화와 서비스는 시장에서 소비자들이 원하는 것보다 적게 생산되기도 하고, 반대로 더 많이 생산되기도 한다.

② 시장실패의 의미

㉠ 재화와 서비스가 적게 생산된다는 것은 희소한 자원이 필요한 곳에 충분히 배분되지 않았다는 것을 의미한다.

㉡ 재화와 서비스가 더 많이 생산된다는 것은 희소한 자원이 불필요하게 낭비된 것이라고 볼 수 있다.

(2) 원 인

① 불완전한 경쟁

독점시장, 과점시장, 독점적 경쟁시장 등과 같은 불완전 경쟁시장이 존재하여 자원의 효율적인 배분이 이루어지지 못한다.

② 공공재

개인의 자발적인 거래에 기초하고 있는 시장원리에 의해서는 무임승차의 문제로 공공재가 적정 수준으로 공급되기 어려우며, 이로 인해 효율적인 배분이 이루어지지 못한다.

③ 외부성

외부성의 존재로 인해 사회적으로 필요한 재화나 서비스가 과소생산되는 반면, 일부 재화나 서비스는 적정 수준 이상으로 과대생산되어 자원의 효율적인 배분이 이루어지지 못한다.

④ 정보의 비대칭(불완전한 정보)

정보가 비대칭적으로 존재하면 가격이 정확한 수요와 공급을 반영하지 못하며, 이로 인해 자원의 효율적인 배분이 이루어지지 못한다.

② 독과점시장과 시장실패

(1) 독과점시장의 개념
① 과점이나 독점과 같은 불완전경쟁이 존재하면 시장 참여자들 사이에서 자유로운 경쟁이 이루어지지 않아 시장실패가 나타날 수 있다.
② 독과점시장은 소수의 기업이 시장을 지배하면서 가격이나 수량에 독점력을 행사하기 때문에, 다양한 진입장벽이 가로막고 있어 새로운 기업이 시장에 진입하기에 쉽지 않다.

(2) 독과점시장의 시장실패의 발생
① 독과점시장은 제품의 가격설정에 있어 더 높은 가격으로 더 적게 생산하여 이윤을 극대화한다.
② 사회적 관점에서 보면 더 낮은 가격에 더 많은 생산과 소비가 가능한 이점들이 사라진 것이다.
③ 과소생산과 과소소비로 인해 사회가 잃어버린 편익을 경제학에서는 경제적 순손실 혹은 사중손실이라고 한다.

③ 공공재와 시장실패

(1) 사적재와 공공재의 개념
① 사적재
  ㉠ 우리가 알고 있는 일반적인 재화 또는 서비스이다.
  ㉡ 재화 또는 서비스에 대한 값을 치른 사람만이 소유하고, 대가를 지불한 사람만이 독점적으로 사용할 수 있다.
  ㉢ 소비의 배제성과 경합성을 동시에 지닌다.

> **더 알아보기 ▶ 소비의 배제성과 경합성**
>
> | 배제성 | 값을 치른 사람만이 물건을 소유하고 그 자신만이 이용 가능하여, 대가를 치르지 않은 사람의 소비를 배제할 수 있는 성질을 말한다. |
> |---|---|
> | 경합성 | 한 소비자가 상품의 일정 물량을 소비하게 되면 다른 소비자는 소비하고 남은 물량만큼만 소비할 수 있어, 여러 사람이 나누어 쓰면 다른 한 사람의 몫은 줄어드는 성질을 말한다. |

② 공공재
  ㉠ 모든 사람들이 공동으로 이용할 수 있는 재화 또는 서비스이다.
  ㉡ 재화 또는 서비스에 대한 대가를 치르지 않더라도 소비 혜택에서 배제할 수 없다.
  ㉢ 소비의 비배제성과 비경합성을 동시에 지닌다.

③ 배제성과 경합성에 따른 분류

구 분	경합성	비경합성
배제성	**사적재** • 값을 치른 사람이 독점적 사용 예 유료도로, 휴대전화, 명품가방, 신발 등	**클럽재** • 비순수공공재 예 케이블TV, 한산한 유료도로, 영화관, 노래방
비배제성	**공유재** • 비순수공공재 예 식수 등 자연자원, 혼잡한 국도, 붐비는 무료 국립공원	**공공재** • 모든 사람이 이용 가능 예 공중파TV, 한산한 국도, 국방, 치안

(2) 공공재의 특성과 예시(국방서비스의 경우)

① 비배제성

지금 이 순간에도 국방서비스를 소비하고 있다. 국방서비스는 일단 공급되면, 돈을 치르지 않았다고 해서 특정인이 소비를 못하도록 배제시킬 수 없다.

예 외국인도 한국에 입국하게 되면 우리나라의 국방서비스를 소비하기 시작한다(우리 국방의 보호를 받는다).

② 비경합성

한 사람이 소비를 늘린다고 해서 다른 사람이 소비할 수 있는 소비량에 영향을 미치지 않기 때문에 더 많이 소비하려고 다투지 않아도 일정량의 소비가 언제나 가능하다.

예 한 명의 외국인이 국방서비스를 추가로 소비한다 해서 우리나라 국민이 소비하는 전체 국방서비스의 양이 감소하지 않는다.

(3) 공공재의 문제와 해결방안

① 공공재의 문제

㉠ 공공재의 비배제성 때문에 공짜로 이용하려는 무임승차(Free Ride) 문제가 발생한다.

예 치안서비스, 도로, 다리, 등대, 가로등과 같은 시설들도 민간에 맡길 경우 무임승차 문제가 발생하기 때문에 안정적인 공급이 제한될 수 있다.

㉡ 일종의 시장실패의 치유 차원에서 정부가 대신 나서 공공재를 공급한다.

② 공공재 문제의 해결방안

㉠ 공공재는 다수가 동시에 누릴 수 있는 재화와 서비스임에도 불구하고, 시장에서 자율적으로 생산되지 않는다.

㉡ 일종의 시장실패의 치유 차원에서 정부가 대신 나서서 공공재를 공급한다.

㉢ 경찰과 전경들이 제공하는 치안 서비스, 등대나 가로등이 제공하는 편익은 특정인을 소비하지 못하도록 배제시킬 수도 없으며, 서로 다투지 않아도 일정한 편익을 누릴 수 있다.

4 외부성(외부효과)과 시장실패

(1) 외부성(외부효과)의 의의

① 어떤 경제주체의 경제적 행위(생산 또는 소비)가 사람들에게 의도하지 않은 편익이나 손해를 가져다 주는데도 아무런 대가를 받지도, 지불하지도 않는 현상을 말한다.

② 아무런 대가를 받지도 지불하지도 않는다는 것은 가격이 완벽히 작동하지 않는 것이다.

③ 경제활동은 시장거래에 의하지 않고도 생활에 직간접적으로 영향을 미친다.

(2) 부정적 · 긍정적 외부성(외부효과)

① 개념

㉠ 부정적 외부성(외부불경제, 음의 외부성) : 경제주체의 생산 또는 소비활동이 다른 사람에게 손해를 가져다주는 경우를 말한다.

㉡ 긍정적 외부성(외부경제, 양의 외부성) : 경제주체의 생산 또는 소비활동이 다른 사람에게 편익을 가져다주는 경우를 말한다.

② 예시

㉠ 부정적 외부성 : 소음과 폐수를 뿜어내는 화학공장이 있다면 공장 주변에 사는 사람들은 많은 피해를 보게 된다(의도하지 않은 피해, 대가성 없음).

㉡ 긍정적 외부성 : 우리 집에서 밝힌 외등이 어두운 골목길을 비추게 되면 골목길을 다니는 사람들은 비용을 지불하지 않고도 안전하게 밤길을 갈 수 있다(의도하지 않은 편익, 대가성 없음).

(3) 외부성(외부효과)의 특성과 예시

① 외부성의 성격

구분	긍정적 외부성	부정적 외부성
생산	사회의 최적 수준보다 과소생산 예 골목길 외등(실 수요보다 적음)	사회의 최적 수준보다 과다생산 예 화학공장의 폐수
소비	사회의 최적 수준보다 과소소비 예 오션뷰의 카페	사회의 최적 수준보다 과다소비 예 매연과 보행자

② 과소 · 과다생산의 해결

㉠ 과소생산 문제의 해결 : 생산을 늘리도록 유도한다.

예 지자체에서 골목길에 필요한 사회적 편익을 고려하여 가로등을 추가로 설치하고 생산자에게 (긍정적 외부성에 대해) 보조금이나 세금보조와 같은 형태의 지원을 해준다면 공급이 늘어나면서 사회의 최적 생산량에 도달할 수 있다.

㉡ 과다생산 문제의 해결 : 생산을 줄이도록 유도한다.

예 정부가 최적 오염물질 배출수준을 정해 놓고 생산자에게 (부정적 외부성에 대해) 세금 등 비용을 부담하도록 하면 공급이 줄어들면서 사회의 최적 생산량에 도달할 수 있다.

5 정보의 비대칭(불완전한 정보)으로 인한 시장실패

(1) 정보의 비대칭 개념

경제적 이해관계를 지닌 당사자 간에 정보가 한 쪽에서만 독점하고 있는 현상으로 다른 한쪽에는 재화나 품질에 대한 정보가 존재하지 않는 것을 말한다.

(2) 역선택과 도덕적 해이 문제(대리인이론)

① 역선택

    ㉠ 정보의 불균형으로 인해 불리한 의사결정을 하는 상황으로 대리인에 대한 정보 부족으로 그 능력보다 많은 임금을 지급하거나 능력이 부족한 대리인을 선택하게 된다(감추어진 특성으로 인해 발생).

    ㉡ 거래 계약이 이루어지기 전에 상대적으로 정보가 없는 쪽이 바람직하지 않은 상태와 거래할 가능성이 크게 된다.

       예 신용도가 낮은 사람이 고금리로 대출을 빌리는 경우, 중고차 거래

② 도덕적 해이

    ㉠ 정보가 불완전하고 비대칭적인 상태에서 향후 상대의 행동을 예측할 수 없거나, 지속적으로 위임자가 대리인의 행위를 통제하기 어려울 경우 대리인이 과업을 소홀히 하게 되는 것을 말한다(감추어진 행동에 의해 발생).

    ㉡ 거래 계약이 이루어진 후에 정보의 양이 대칭적이지 않은 상태에서 손해를 보게 되는 경우이다.

       예 병원의 과잉진료, 전문 경영인의 도덕적 해이

(3) 역선택과 도덕적 해이의 해결방안

① 신호발송과 선별

    ㉠ 신호발송 : 정보를 가진 쪽이 정보를 갖지 못한 쪽에 거래에 필요한 정보를 제공하는 일련의 행동이다.

       예 중고차 거래에서 품질보증서를 제공하는 행위

    ㉡ 선별 : 정보를 갖지 못한 쪽이 선별 도구들을 활용해 필요한 정보를 추출하는 일련의 행동이다.

       예 나이에 따라 차등 적용되는 자동차보험 체계

② 유인설계

    ㉠ 계약을 체결할 때 권한을 위임받은 자의 도덕적 해이를 해결하고자(주인-대리인문제) 실시한다.

    ㉡ 대리인의 이익을 권한을 위임한 자(=주인)의 이익과 동일시 되도록 보상 혹은 가격정책 등의 유인을 설계하는 방법이다.

       예 스톡옵션, 성과급 부여

01 다음 제도가 시행됐을 때 노동시장에서 나타날 수 있는 변화를 추론한 것으로 옳지 않은 것은?

경제-사고력

> 성별, 학력, 외모 등에 따른 기회의 차별을 철폐하고 기회의 균등을 실현하기 위해 정부에서 공공부문의 블라인드 채용제도를 도입한다고 밝혔다. 이에 따르면 앞으로는 응시원서에서 사진이 삭제되며, 이력서에는 전공분야나 학위 취득 등만 기재가 가능해진다. 자기소개서에서도 자신의 신상정보를 유추할 수 있는 정보를 적을 경우 서류 탈락은 물론 향후 지원에서도 불이익을 받게 된다.

① 기업의 입장에서 탐색비용이 증가할 것이다.
② 정보의 비대칭성이 심해져 도덕적 해이가 발생할 수 있다.
③ 기업은 직무 중심의 면접 비중을 늘리게 된다.
④ 출신 대학의 신호발송 역할이 대폭 축소될 것이다.
⑤ 일반 정규직 채용보다 전환형 인턴 형태 채용이 증가할 것이다.

해 설
채용 전 상황이므로 감추어진 특성에 의해서 역선택의 문제가 발생 할 수 있다. 생산성이 낮은 지원자가 채용되거나 자격이 상대적으로 부족한 지원자가 채용되는 현상이 나타날 수 있다.

정 답 ②

02 시장실패가 발생하는 원인과 관련된 현상이 아닌 것은?

경제-사고력

① 최근 1인 1개 이상의 스마트폰 보급으로 많은 사람들이 동일한 정보에 쉽게 접근할 수 있는 경우
② 이웃집에서 들려오는 시끄러운 음악소리에 잠을 이룰 수 없는 경우
③ 한 기업이 혼자서 유통 부분을 담당하여 효율적으로 생산하는 경우
④ 고액 체납자가 건강보험 등 복지 혜택을 누리려는 경우
⑤ 중고 컴퓨터는 제품의 품질을 신뢰할 수 없어 신제품을 구매하는 경우

해 설
① 다수가 동일한 정보의 공유가 가능하게 되면 정보의 비대칭성이 해소되어 시장실패의 가능성이 줄어든다.
② 시끄러운 음악소리에 의한 피해는 의도치 않은 손해로서 어떤 대가도 거래되지 않은 부정적 외부성(외부불경제)이다.
③ 소수의 한 기업의 독점산업으로 시장 참여자들 사이에서 자유로운 경쟁이 이루어지지 않아 불완전한 경쟁이 일어나므로 시장실패를 초래한다.
④ 고액체납자가 복지혜택을 누리는 등 공공재에서 무임승차자가 발생하는 것은 시장실패를 초래한다.
⑤ 중고 시장에서 정보의 비대칭성은 시장실패를 초래한다.

정 답 ①

1 시장실패와 정부의 역할

(1) 현대 경제에서의 정부

① 현대 경제에서 정부는 과세, 지출, 차입 및 규제 등의 강력한 정책수단을 통해서 경제활동에 큰 영향을 주며 광범위한 역할을 수행하고 있다.

② 현대 자본주의 국가의 국민경제는 민간부문과 공공부문이 공존하는 혼합 경제체제로 이루어진다.

③ 정부는 시장 경제의 효율적인 작동을 위해 일정한 규칙을 제정하고, 이를 관리·감독하는 심판 역할을 한다.

(2) 시장실패와 정부의 역할

① 정부 개입의 원인

  ㉠ 시장실패가 발생하면 비효율성이 초래하게 되므로 정부의 개입이 불가피하다.

  ㉡ 정부의 개입이 반드시 비효율성을 제거한다고 볼 수 없으며 이를 정부실패(Government Failure) 라 한다.

  ㉢ 정부의 개입 취지는 공공재의 공급, 소득재분배정책의 추진, 독과점의 규제, 공해의 규제 등 시장의 불완전성을 시정 보완하는 것이다.

② 정부의 역할(방안)

  ㉠ 비용·편익분석(B/C분석, Cost-Benefit Analysis) : 정부가 시장에 개입하기 위해서는 그 개입행위가 사회에 주는 편익(Benefit)과 그 개입행위에 따른 비용(Cost)을 비교해야 한다.

  ㉡ 공공선택이론(Theory of Public Choice) : 정부의 의사결정과 시행에 대한 연구분야로 정치과정에 참여하는 각 이해관계자의 행동원리에 대해 분석하고, 정부실패를 방지하기 위해 각 이해 관계자의 행동이 어떻게 조정되어야 하는지에 대해 분석한다.

2 정부실패

(1) 정부실패의 개념

① 정부의 각종 정책이나 규제활동의 결함으로 원래의 정책목표나 규제목표의 달성에 실패함을 의미한다.

  예 정부의 지나친 개입에 의하여 초래되는 적정수준 이상의 물가 앙등, 높은 실업률 등 포함

② 정부개입은 사회적 편익에서 사회적 비용을 뺀 순사회적 편익(Net Social Benefit)이 영(0)보다 커야 한다. 이를 위한 경제적 분석방법은 비용·편익분석(B/C분석)이 주로 쓰인다.

(2) 정부실패의 원인 및 대책

① 구체적 원인

규제의 경직성, 규제자의 불완전한 지식과 정보, 규제수단의 비효율성 또는 불완전성, 규제자의 개인적 목표나 편견의 영향, 정치의 제약조건, 근시안적 규제의 가능성 등이 있다.

② 대 책

ⓐ 공무원들에 대해 능률에 따라 보상을 지급하는 성과급제도, 예산통제, 국정감사, 국민여론 등이 있다.

ⓑ 애덤 스미스(Adam Smith)는 '작은 정부'(Small Government)를 주장하였다.

ⓒ 밀튼 프리드만(M. Friedman)은 게임의 규칙제정자 및 심판, 공해와 같은 외부성과 독과점의 규제자, 병·노약자·빈자 등을 돌보는 가장으로서의 의무를 다하는 정부의 기능을 주장하였다.

③ 정부의 역할(조세와 소득분배)

(1) 조세의 종류

정부 재정수입의 대부분은 가계와 기업으로부터 거두어들이는 조세인 세금이다. 조세의 종류는 대표적으로 국세와 지방세, 직접세와 간접세, 누진세와 역진세로 나뉜다.

(2) 국세와 지방세

① 부과 주체에 따른 구분

세금은 부과하는 주체에 따라 중앙 정부의 조세인 국세와 지방 정부의 조세인 지방세로 나눈다.

② 국 세

정부가 국민전체의 이익과 관련된 사업의 경비를 마련하기 위해 국민들로부터 거두어들이는 세금이다.

③ 지방세

지방자치단체가 지역의 살림을 꾸려가기 위해 지역 주민들에게 거두어들이는 세금이다.

(3) 직접세와 간접세

① 납세자와 담세자에 따른 구분

세금은 세금을 법적으로 납부하는 사람(납세자)과 실제로 세금을 부담하는 사람(담세자)이 같은지에 따라 직접세와 간접세로 분류한다.

② 직접세

노동활동을 통해 소득을 얻은 사람이 내는 소득세나 사업 활동을 통해 소득을 번 법인이 내는 법인세, 재산을 상속이나 증여받은 사람이 내는 상속·증여세 등이 있다.

③ 간접세

납세자와 담세자가 일치하지 않는 경우로 예를 들어 물건을 살 때 포함된 부가가치세나 특별소비세 등의 세금을 내는 사람은 기업지만 이 세금을 부담하고 있는 사람은 물건을 구매한 사람이다. 고소득 자라고 간접세를 더 부과하지 않기 때문에 조세부담의 역진성을 지닌다.

④ 직접세의 효과

직접세의 비중 증가는 세후 소득격차를 줄여 소득불평등을 개선하는 효과가 있다.

더 알아보기 ▶ 직접세와 간접세의 관계

직접세는 조세 저항(마찰)이 크다. 직접세는 자신이 세금을 내고 있다는 의식이 강하게 작용하여 거부감을 갖게 하기도 하지만(예 자신의 근로소득에 따른 소득세), 간접세는 세금을 내고 있다는 인식이 뚜렷하지 않다(예 물건을 구매할 때 붙는 부가가치세). 따라서 직접세보다 거부감이 적은 간접세를 거두어들이는 일이 더 쉽다.

(4) 누진세와 역진세

① 누진세

소득이나 재산 등의 과세표준이 증가하면 그에 따라 평균세율이 증가하는 조세이다(평균세율 = 세금 액을 과세표준으로 나눈 값).

② 역진세

소득이나 재산 등의 과세표준이 증가하면 그에 따라 평균세율이 감소하는 조세이다.

③ 누진세의 효과

부과 대상이 되는 소득이나 재산이 많을수록 부담이 점차 커지는 소득세(누진세)는 부담 능력에 따른 공평과세가 이루어져 소득재분배의 효과가 있다.

예상문제

01 정부실패가 발생하는 원인과 거리가 먼 것은?   경제-사고력

① 전력 등 서비스를 독점 공급함으로써 발생하는 경영효율성 저하
② 시장에 대한 불완전한 정보
③ 정치적인 이해득실에 따른 정책 입안
④ 고소득자의 소득세 비중을 늘리는 경우
⑤ 근시안적 규제

해설
고소득자의 소득세 비중을 늘리는 경우는 직접세의 비중을 증가시켜 세후 소득격차를 줄여 소득불평등을 개선하는 효과가 있다. 이는 공정경쟁과 관련되므로 정부실패가 발생하는 원인과는 거리가 멀다.

정답 ④

01 | 국민경제지표의 이해

▋ 경제활동지표의 필요성

(1) 경제활동지표의 개념

경제활동지표란 한 나라의 경제활동 수준을 파악하기 위해 사용하는 수치를 말하며, 국가 간 상호 비교가 가능한 중요한 자료이다. 국내총생산(GDP), 국민총생산(GNP), 국제수지, 경제성장률, 실업률 등이 이에 속한다.

(2) 경제활동지표의 활용

경제활동지표는 정부가 나라경제를 관리하기 위해 경제정책을 수립하거나 기업이 투자계획을 세울 때 중요한 자료로 활용된다. 또한 국가 간 상호 경제활동지표 비교나 경제동향을 파악하는 데 주요 수단으로 쓰인다.

▋ 국민소득의 개념

(1) 국내총생산(GDP ; Gross Domestic Product)

① 개 념

  ㉠ 국내총생산(GDP)이란 한 나라 안에서 일정 기간(보통 1년) 동안 생산된 모든 재화와 서비스의 시장가치를 화폐 단위로 환산하여 더한 값이다.

  ㉡ 경제주체의 국적에 상관없이 그 나라 안에서 생산된 재화와 서비스의 시장 가치를 합산한 것이다. 즉, 국내에 거주하는 외국인의 소득도 GDP에 포함된다.

② GDP 계산

  ㉠ GDP는 국적이 아니라 영토가 기준이 된다. 국내에 진출한 다국적 기업의 생산활동은 우리나라 GDP에 계산된다.

  ㉡ GDP는 일정기간 동안 생산된 것으로, 현재는 분기 또는 1년 동안 새로 생산된 재화와 서비스만 계산된다. 지난 기간에 만들어진 주택, 자동차 등은 올해 GDP 계산에서 제외된다.

  ㉢ GDP는 모든 최종 재화와 서비스를 기준으로 계산하는데, 이는 최종재의 가치 속에는 이미 중간재의 가치가 포함되어 있기 때문에 중간재를 제외하여 중복계산을 방지한다.

③ GDP 예외(시장가치가 없는 활동)

    ㉠ 시장에서 평가되지 않는 활동은 생산활동 같아 보이지만 GDP 계산에서 제외한다.

    ㉡ 가치를 만들어내는 생산활동이지만 시장에서 평가되기 어려운 경우에는 통계에 포함되지 않는다.

    ㉢ 생산활동이 아닌 단순한 소득의 이전(Income Transfer)은 GDP에 계산되지 않는다.

    ㉣ 예외적으로 자신이 소유한 집에 사는 경우, 기계 생산업체가 자신이 생산한 기계를 이용하는 경우, 농부가 자신이 생산한 농산물을 소비하는 경우는 시장에서 거래되지 않았지만 GDP 계산에 포함한다.

④ GDP 활용

    ㉠ 경제성장률 등 생산의 중심지표로 사용된다.

    ㉡ 세계은행과 OECD의 통계조사 자료로 쓰인다.

    ㉢ 우리나라는 1995년부터 국가경제지표로 GNP 대신 GDP를 사용하고 있다.

⑤ GDP 포함되는 것과 포함되지 않는 지표의 예

구 분	GDP 포함	GDP 미포함
한 국가의 국경 내	외국 모델이 국내에서 활동하는 경우 (우리나라 GDP에 계산)	삼성이 중국 공장에서 생산한 것 (중국의 GDP에 계산)
일정 기간 생산	당해 중고차 딜러가 창출한 매매 수수료	3년 전에 생산된 자동차를 올해 중고차로 구입 (이미 3년 전 GDP에 계산)
최종재	최종 생산된 붕어빵의 가치	밀가루, 단팥, 붕어빵 틀 등 중간재
재화 · 서비스	유형의 재화(자동차) 또는 무형의 서비스(금융)	정부가 저소득 계층에게 주는 지원금, 설날 세뱃돈 등
시장가치	시장에서 거래된 가격	지하경제, 주부의 가사노동

⑥ GDP 한계

    각 나라의 경제적 규모를 알 수 있을 따름이지 그 나라 국민들의 빈부격차나 소득분배 상태를 알려주지는 못한다.

(2) 명목GDP와 실질GDP

① 명목국내총생산(GDP)

    ㉠ 경제규모 등의 파악에 이용되는 지표로, 국내에서 생산된 최종생산물의 수량에 그 때의 가격을 곱하여 산출하므로 명목GDP의 변동분은 최종생산물의 수량과 가격변동분이 섞여있다.

ⓛ 산 식
- 명목(경상)GDP = 해당연도 시장가격 × 최종생산물의 총계
- 명목GDP = p1q1 + p2q2 + … + pNqN

    (생산된 재화나 서비스의 수 = N개, 양 = q, 화폐가격 = p)

② 실질국내총생산(GDP)

ⓐ 국내경제의 생산활동 동향을 나타내는 경제성장률 확인에 이용되는 지표로, 국내에서 생산된 최종생산물의 수량에 기준연도의 가격을 곱하여 산출한 물량측정치이므로 실질GDP의 변동분은 가격 변화분을 제거한 순수한 생산수량의 변동분만을 나타낸다.

ⓛ 산 식

- 실질(불변가격)GDP = 기준연도(현재 2000년을 적용) 시장가격 × 최종생산물의 총계
- 실질GDP = p01q1 + p02q2 + … + p0NqN

    (생산된 재화나 서비스의 수 = N개, 양 = q, 화폐가격 = p)

ⓒ 경제성장률을 구할 때는 일반적으로 실질GDP 성장률로 측정한다.

> 경제성장률 = {(금년도 실질 GDP − 전년도 실질 GDP) ÷ 전년도 실질 GDP} × 100

③ GDP 디플레이터

ⓐ GDP 디플레이터란 명목GDP를 실질 GDP로 나눈 후 100을 곱한 값을 말한다.

$$\text{GDP 디플레이터} = \frac{\text{명목 } GDP}{\text{실질 } GDP} \times 100$$

ⓛ 명목변수와 실질변수의 차이점이 물가변화에서 발생하는 것을 보완한다.

ⓒ GDP 디플레이터는 한 나라 안에서 거래되는 거의 모든 물건과 서비스를 대상으로 하기 때문에 가장 종합적인 물가지수라고도 할 수 있다.

(3) 국민총생산(GNP ; Gross National Product)

① 개 념

ⓐ 일정 기간 동안 한 나라의 국민이 국내외에서 새롭게 생산한 재화와 용역의 부가 가치 또는 최종재의 값을 화폐 단위로 합산한 것이다.

ⓛ GNP는 국적 개념의 지표로서 한 나라 국민이 생산을 통해 벌어들인 소득을 나타내는 지표다.

ⓒ 한 나라 국민이 벌어들인 소득을 나타낼 경우 GDP보다 GNP가 더 적합한 개념이라고 할 수 있다.

예 외국 현장에 파견된 우리나라 노동자들의 생산활동은 국내총생산에는 포함되지 않지만 국민총생산에는 포함된다.

② GNP 활용

현재 GNP는 지표에서 사라지고 없으며 국민총소득(GNI)이 주로 쓰인다.

(4) 국민총소득(GNI ; Gross National Income)

① 개 념

㉠ 한 나라의 국민이 국내 외 생산 활동에 참가한 대가로 받은 소득의 합계이다.

㉡ 자국민(거주자)이 국외로부터 받은 소득(국외수취요소소득)은 포함된다.

㉢ 국내총생산 중에서 외국인(비거주자)에게 지급한 소득(국외지급요소소득)은 제외된다.

② GNI 활용

1인당 GNI는 국민들의 생활수준을 알아보기 위하여 일반적으로 사용된다.

③ 물가지수

(1) 소비자물가지수(CPI ; Consumer Price Index)

① 개 념

㉠ 각 가정이 생활을 위해 구입하는 상품과 서비스의 가격 변동을 종합적으로 측정하기 위한 지수이다.

㉡ 소비자 관점에서의 상품 및 서비스 가격 변동을 측정하며, 구매 동향 및 인플레이션의 변동을 측정하는 중요한 방법이다.

② CPI 해석

㉠ 실제 수치가 예상치보다 높은 경우 화폐가치 및 전망이 긍정적이라는 뜻이다.

㉡ 실제 수치가 예상치보다 낮은 경우 화폐가치 및 전망이 부정적이라는 뜻이다.

더 알아보기 ▶ 소비자물가상승률

소비자물가상승률은 소비자물가지수의 전년 대비 변화율이다. 소비자물가지수는 가구에서 일상생활을 영위하기 위해 구입하는 상품과 서비스의 가격변동을 측정하기 위하여 작성되는 지수로서 총 소비지출 중에서 구입 비중이 큰 약 460여 개 상품 및 서비스 품목들을 정하고 이를 대상으로 조사된 소비자 구입가격을 기준으로 산정된다. 이때 가구의 소비구조 변화를 반영하기 위하여 5년 주기로 지수를 개편한다.

③ CPI의 산출

㉠ CPI 산출 예

구 분	9월	가중치
쌀(20Kg)	124.76	400
햄버거(1개)	102.85	200
휘발유(1L)	109.35	400
계	114.21	1,000

ⓛ 전국 품목지수에 품목별 가중치를 곱한 값을 전체 가중치로 나누어 하나의 숫자로 종합하여 나타 내는데, 이것이 바로 매월 작성되고 있는 소비자물가지수이다.

ⓒ 9월 CPI = $\dfrac{124.76 \times 400 + 102.85 \times 200 + 109.35 \times 400}{1,000}$ = 114.21

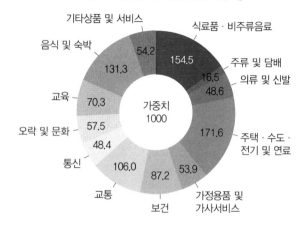

[소비자물가지수의 품목별 가중치]

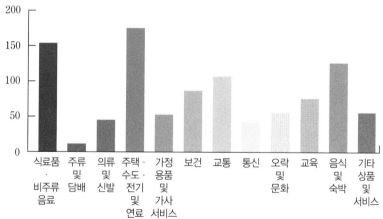

(2) 생산자물가지수(PPI ; Producer Price Index)

① 개 념

ⓐ 국내 생산자가 국내(내수)시장에 공급하는 상품의 가격 및 서비스의 요금을 경제에서 차지하는 중 요도를 고려하여 평균한 종합적인 가격수준을 지수화한 통계를 말한다.

ⓛ 생산자 입장에서 측정한 물가로 생산자가 물건과 서비스를 만드는 데 사용하는 상품과 서비스의 평균가격이라는 뜻이다.

② PPI 해석

ⓐ 소비자물가지수·수출입물가지수와 함께 구매력변화 측정을 기본 목적으로 하며 명목금액으로부 터 물가요인을 제거하여 실질금액으로 환산해 주는 디플레이터(Deflator)의 용도로도 활용된다.

ⓛ 계약가격 조정과 예산편성, 상품의 수급상황 파악 및 경기동향을 판단하는 경기지표로도 이용된다.

③ PPI의 산출

㉠ PPI 산출 예

(단위 : 원)

구 분	지난 달	이번 달
펄프	100	200
석유	1,000	1,000

가격에 품목별 가중치를 곱한 값을 전체 가중치로 나누어 하나의 숫자로 종합하여 나타내는데, 이 것이 바로 매월 작성되고 있는 생산자물가지수이다.

㉡ PPI와 물가상승률 계산

• 지난 달 PPI $= \dfrac{(펄프가격 \times 가중치) + (석유가격 \times 가중치)}{가중치 합계}$

$$= \frac{(100원 \times 1) + (1,000 \times 99)}{100}$$

$$= \frac{99,100}{100} = 991$$

• 이번 달 PPI $= \dfrac{(펄프가격 \times 가중치) + (석유가격 \times 가중치)}{가중치 합계}$

$$= \frac{(200원 \times 1) + (1,000 \times 99)}{100}$$

$$= \frac{99,200}{100} = 992$$

• PPI 상승률 $= \dfrac{이번 달 \, PPI - 지난 달 \, PPI}{지난 달 \, PPI}$

$$= \frac{992 - 991}{991} = \frac{1}{991} = 0.1\%$$

4 국민경제의 순환

(1) 경제순환모형

① 의 의

경제는 '생산 → 분배 → 소비 → 생산'의 상호 순환을 통해 재생산을 되풀이하며 일어난다.

② 국민경제의 순환과정

㉠ 가계 : 재화와 서비스 시장에 생산된 재화나 서비스를 구매하는 소비자인 동시에 노동, 자본, 토지 를 생산요소시장에 공급한다.

㉡ 기업 : 생산요소시장에 대가를 지불하고 노동, 토지, 자본을 구매하는 수요자인 동시에 생산물(재 화나 서비스)을 재화와 서비스시장에 공급한다.

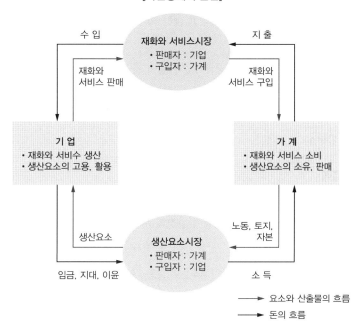

[국민경제의 순환]

③ 국민소득 3면 등가의 법칙

　㉠ 국민경제는 경제주체들이 재화와 서비스를 생산하고, 그에 대한 대가로 소득을 얻고, 다시 그 소득으로 재화와 서비스를 얻기 위해 소비하는 하나의 순환을 이룬다.

　㉡ 경제가 순환과정을 이루며 국민총생산은 생산, 분배, 지출의 세 가지 측면에서 GDP가 같은 것을 3면 등가의 법칙이라고 한다.

　㉢ 각각의 측면에서 국민소득의 양은 '생산국민소득 = 분배국민소득 = 지출국민소득'으로 모두 같아진다.

(2) 총수요와 총공급

① 총수요

　㉠ 총수요는 한 나라 안에서 생산된 재화와 서비스를 사려고 하는 수요를 모두 더한 것이다. 총수요에서 수입은 (－)요인으로 다음과 같이 나타낸다.

> **총수요 = 가계소비 + 기업투자 + 정부지출 + 수출 － 수입**

　㉡ 가계가 쓰고자 하는 소비지출, 기업이 쓰려고 하는 투자지출, 정부가 쓰려고 하는 정부지출, 외국에서 쓰려고 하는 수출을 모두 더하면 총수요가 된다.

　㉢ 한 재화시장의 수요를 가격과 수량에 대해 우하향하는 형태로 그리면 수요곡선이 된다.

　㉣ 총수요는 물가가 상승하면 감소한다. 반대로 물가가 하락하면 총수요는 증가한다.

② 총공급곡선

ㄱ 한 나라의 모든 생산자들이 생산하려고 하는 재화경제개념 이미지와 서비스의 총량을 총공급이라고 한다.

ㄴ (단기)총공급곡선은 한 시장의 공급곡선과 같이 우상향한다. 가격이 오르면 기업은 더 많이 만들어서 더 높은 가격에 생산 및 판매하려고 하기 때문이다.

ㄷ 총공급곡선은 기업의 생산비용을 반영하기 때문에 기업들의 생산조건에 변화가 오면 총공급곡선이 움직인다.

(3) 균형GDP의 결정

① 총수요와 총공급의 교차(거시경제의 균형)

시장에서 수요와 공급이 만나서 생산량이 결정되듯이 한 나라의 총수요와 총공급이 만나면 균형생산량이 결정된다. 한 나라의 균형 생산량은 GDP로 볼 수 있다.

[총수요와 총공급의 교차]

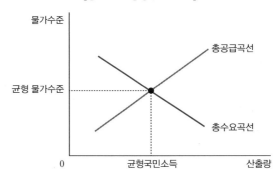

② 지표의 분석

ㄱ 총수요가 증가하면 물가가 상승하고 국민소득이 증가한다.

ㄴ 총수요가 감소하면 물가가 하락하고 국민소득이 감소한다.

ㄷ 총공급이 증가하면 물가가 하락하고 국민소득도 증가한다.

ㄹ 총공급이 감소하면 물가가 상승하고 국민소득도 감소한다.

더 알아보기 ▶ 트레이드 드레스(Trade Dress)

지적재산권으로 분류하기 어려운 신지적재산권(New Intellectual Property)의 하나로, 상품의 모양, 색, 크기, 포장 등 그 제품의 고유한 이미지를 만들어내는 여러 가지 요소를 통틀어 일컫는 말이다. 기존의 지적재산권 요소인 디자인이나 상표와는 달리, 기능이 아닌 장식의 식별성에 중점을 둔다. 대표적인 예로 잘록한 라인이 있는 코카콜라 병이 있다. 병 모양만 보더라도 코카콜라를 떠올릴 수 있다는 점에서 트레이드 드레스라 볼 수 있다.

01 3년 전에 만들어진 자동차를 올해 중고차로 구입했다면 올해 GDP에 포함되는 것은?

경제-사고력

① 3년 전 자동차의 생산 가치
② 3년 전에 자동차를 만들기 위한 엔진 등 중간재
③ 중고차 딜러의 중개수수료
④ 중고차 구입 후 정부가 실시한 유가환급금 지급
⑤ 중국 공장에서 3년 전에 생산한 우리나라의 현대자동차

해 설

③ 중고차를 구입할 때 중고차 딜러를 통해서 했다면 중고차 중개라는 서비스가 창출된 것이다. 따라서 중고차 구입가격 중에서 딜러에게 지불한 중개수수료는 올해 GDP에 계산된다.
① 3년 전에 만들어진 자동차를 올해 중고차로 구입했다고 하더라도 자동차의 생산 가치는 이미 3년 전 GDP에 계산되었기 때문에 다시 계산할 필요가 없다.
② 최종 생산된 가치만을 인정하므로 중간재는 GDP에 포함되지 않는다.
④ 유가환급금 지급처럼 정부가 세금을 거두거나 거둔 세금을 다시 돌려주는 행위는 생산된 자원의 소유권만 이동시킨 것으로(이전소득에 해당) GDP에 포함되지 않는다.
⑤ GDP는 영토가 기준이 되므로 우리나라 자동차 회사라 하더라도 외국에서 생산된 것이기에 우리나라 GDP에 포함되지 않는다.

정 답 ③

02 물가의 상승으로 총수요곡선이 우하향하게 되는 상태(총수요의 감소 상태)의 결과로 옳지 않은 것은?

경제-사고력

① 기업의 투자 감소
② 주택담보대출 이자율 상승
③ 수입의 증가
④ 환율의 절하로 인한 수출의 감소
⑤ 정부의 지출 증가

해 설

⑤ 정부가 지출을 증가시키면 총수요가 증가하고 총수요곡선이 우상향으로 이동한다.
① 기업의 투자가 감소하면 총수요가 줄어든다.
② 주택이나 자동차와 같은 내구재는 주로 할부로 구입하기 때문에, 이자율 상승은 가계의 내구재 소비를 감소시켜서 총수요를 감소시킨다.
③ 물가가 올라가면 해외재화에 비해 국내재화의 가격이 비싸져 수출이 줄고 수입은 늘어나 총수요가 감소한다.
④ 정부가 환율을 내리는 정책을 취하면 수출이 줄고 수입이 늘어 총수요가 감소한다.

정 답 ⑤

| 01 | 경기변동 |

---

1 의의

(1) 개 념

① 경 기

　㉠ 국민경제의 총체적인 활동수준으로 여러 가지 경제변수들의 움직임을 종합한 것이다.

　㉡ 실물부문 활동(생산, 소비, 투자, 고용 등)과 금융부문 활동(돈의 양, 금리, 주가, 환율 등), 무역부
　　문 활동(수출입 등)을 포괄하는 의미이다.

② 경기변동(경기순환)

　경기가 장기적인 성장추세를 중심으로 끊임없이 상승(확장)과 하강(확장)을 반복하며 변동하는 것을
　말한다. 경기변동과 경기순환은 비슷한 의미이지만 경기순환보다는 최근에는 경기변동을 더 많이 쓰
　고 있다.

　㉠ 경기순환 : 빈도, 지속기간 등 경기변화의 규칙성을 내포하고 있다.

　㉡ 경기변동 : 불규칙한 경기변수 등 예측하기 어렵고 복잡한 경제활동을 표현할 수 있다.

(2) 필요성

① 정부는 경제여건에 알맞은 경제정책을 운용하고, 국민경제의 안정적인 성장을 위해서 경기의 움직임
　을 관찰하고 예측할 필요가 있다.

② 경기변동은 경기판단과 예측이 어떤 경제행위를 결정하는 데 있어 매우 중요한 고려사항의 하나로
　그 정확성 여부에 따라 미래의 경제적 성과가 매우 달라질 수 있다.

2 경기변동(경기순환)의 주기

(1) 의 의

① 경기순환주기

　㉠ 경기가 상승(확장)과 하강(확장)을 반복하고 있을 때 경기의 저점(정점)에서 다음 저점(정점)까지
　　의 기간을 경기의 주기라 한다.

ⓒ 경제활동이 활발하면 경기가 상승하여 정점에 이르게 되고, 이후 경제활동이 부진해지면 경기가 하강하여 저점에 이르게 된다.

ⓒ 경기변동에서 저점에서 정점까지의 높이는 경기의 진폭이라고 한다.

② 경기변동의 요인

통화량 변동과 같은 화폐적 충격, 민간기업의 투자지출을 비롯한 수요적 충격, 불완전 정보에 의한 기대, 기술이나 생산성의 변동 등 경제 내의 여러 가지 실물 및 화폐적 요인(경제변수)에 의해 발생한다.

(2) 경기변동의 4국면

경기의 순환과정은 보통 저점에서 정점까지의 상승국면과 정점에서 저점까지의 하강국면의 2국면으로 나누는데 이를 다시 회복기 · 확장기 · 후퇴기 · 수축기의 4국면으로 나누면 다음과 같다.

① 상승국면

㉠ 회복기 : 경기가 저점에서 다시 상승하는 시기로 금리가 낮고 투자와 소비가 늘어난다.

ⓒ 확장기 : 경기가 계속 상승하는 시기로 투자와 생산 · 소비가 늘어나며, 물가와 금리는 상승한다.

② 하강국면

㉠ 후퇴기 : 경기가 고점에서 다시 하락하는 시기로 금리가 높아 대출과 소비가 줄어들며, 고용과 소득도 줄어든다.

ⓒ 수축기 : 경기가 계속 하락하는 시기로 소비와 투자가 위축되고 경기가 침체된 상태이다.

③ 호경기와 불경기

㉠ 호경기 : 장기추세를 기준으로 하여 경기정점을 전후한 기간이다.

ⓒ 불경기 : 장기추세를 기준으로 하여 경기저점을 전후한 기간이다.

[경기변동의 4국면]

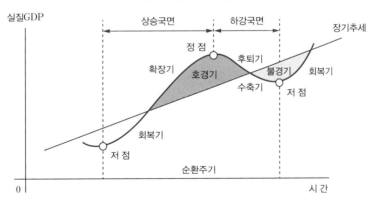

❸ 경기변동의 원인

(1) 총수요 측면

① 총수요는 각 물가수준에서 가계·기업·정부가 구매하고자 하는 재화와 서비스의 양을 나타낸다.

② 실질GDP는 잠재GDP보다 높아진다.

③ 총수요의 증가 요인

    ㉠ 소비자들의 소비지출 변동 : 세금 인하, 주식시장의 호황 등 주어진 물가 수준에서 소비지출이 증가하는 경우 총수요곡선은 우측으로 이동한다.

    ㉡ 기업의 투자지출 변동 : 장래 경기에 대한 낙관적 전망으로 투자가 증대되는 경우 총수요곡선은 우측으로 이동한다.

    ㉢ 정부의 구입 변동 : 국방비의 증가, 고속도로 건설 등 정부의 재정 지출이 증가하는 경우 총수요곡선은 우측으로 이동한다.

    ㉣ 순수출의 변동 : 원화가치 하락, 경기의 호황 등의 경우 총수요곡선은 우측으로 이동한다.

(2) 총공급 측면

① 총공급은 각 물가수준에서 기업이 생산해서 판매하고자 하는 재화와 서비스의 양을 나타낸다.

② 실질GDP는 잠재GDP보다 높아진다.

③ 총공급곡선의 증가 요인

    ㉠ 요소가격(임금, 국제원유가)의 변동 : 원자재 가격의 하락이나 노동공급이 증가되는 경우 총공급곡선은 우측으로 이동한다.

    ㉡ 생산성의 변동 : 신기술의 개발이나 전파로 산업 전반에 긍정적 요인이 확대되는 경우 총공급곡선은 우측으로 이동한다.

    ㉢ 법적, 제도적 환경의 변동 : 조세정책의 변동·규제나 노동시장의 경직성 등이 완화되는 경우 총공급곡선은 우측으로 이동한다.

    ㉣ 예상물가 수준의 변동 : 물가 수준의 하락은 총공급곡선을 우측으로 이동시킨다.

(3) 총수요 및 총공급의 증가로 인한 경기변동

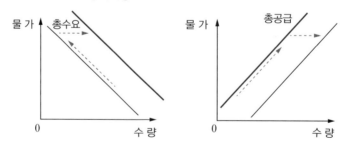

① 총수요의 증가

    총생산 증가, 물가 상승, 총수요 증가로 인한 물가 하락과 경기 상승효과가 나타난다.

② 총공급의 증가

총생산 증가, 물가 하락, 총공급 증가로 인한 물가 하락과 경기 상승효과가 나타난다.

 예상문제

01 경기변동의 4국면에 대한 설명으로 옳지 않은 것은?   경제-지식

① 경기의 순환과정을 4국면으로 나누면 회복기 · 확장기 · 후퇴기 · 수축기로 볼 수 있다.
② 회복기는 경기가 저점에서 다시 상승하는 시기로 금리가 낮고 투자와 소비가 늘어난다.
③ 확장기는 경기가 계속 상승하는 시기로 투자와 생산 · 소비가 늘어나며, 물가와 금리는 상승한다.
④ 후퇴기는 경기가 고점에서 다시 하락하는 시기로 금리가 낮아 대출과 소비가 늘어나며, 고용과 소득도 줄어든다.
⑤ 수축기는 경기가 계속 하락하는 시기로 소비와 투자가 위축되고 경기가 침체된 상태이다.

해 설

후퇴기는 경기가 고점에서 다시 하락하는 시기로 금리가 높아 대출과 소비가 낮아지며, 고용과 소득도 줄어든다.

정 답 ④

02 다음 현상이 일어나는 요인으로 옳은 것은?   경제-사고력

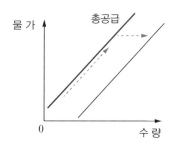

① 주식시장의 호황   ② 기업의 투자 증대
③ 신기술의 개발이나 전파   ④ 정부의 국방비의 증가
⑤ 원화가치 하락

해 설

그림은 총공급의 증가를 나타내고 있다. 신기술의 개발이나 전파로 산업 전반에 긍정적 요인이 확대되어 생산성이 변동되는 경우 총공급곡선은 우측으로 이동한다. 주식시장의 호황이나 기업의 투자 증대, 정부 국방비 증가, 원화가치 하락 등은 총수요의 증가와 관련된다.

정 답 ③

1 화폐가치와 물가의 관계

(1) 의 의

물가란 가격의 전반적인 움직임을 알기위해 만든 것으로 상품의 가격을 평균하여 나타낸 종합적 가격수준을 말한다. 화폐는 재화를 구입할 수 있는 힘, 즉 상품의 구매력을 의미하기 때문에 화폐와 물가는 아주 밀접한 관계를 가지고 있다.

(2) 화폐와 물가

① 물가가 상승하면 같은 금액의 화폐로 살 수 있는 상품의 양이 줄어든 것으로, 화폐의 가치가 떨어졌다는 것을 의미한다.

② 물가가 하락하면 같은 금액의 화폐로 살 수 있는 상품의 양이 늘어난 것으로, 화폐가치가 올라간 것이다.

③ 물가와 화폐가치의 관계는 반비례 관계에 있다고 볼 수 있다.

(3) 화폐가치의 기능

① 교환의 매개 기능

'화폐의 가치 = 구매력'으로 시장에서 화폐는 상품에 대한 교환이나 거래의 지불수단으로 쓰인다. 즉, 현대경제는 화폐를 매개로 한 교환경제의 특성을 지닌다.

② 가치의 저장 기능

화폐는 저축 등으로 장기간 보관이 가능하며, 필요 시 이를 다른 재화와 교환할 수 있다. 화폐 말고도 주식, 채권 등의 금융자산이나 건물, 귀금속 등 실물자산도 가치 저장 기능이 있다.

③ 가치의 척도 기능

각 상품의 가치는 '원', '달러' 등 규격화된 단위로 측정할 수 있다. 화폐는 가치척도의 기능을 수행하며 다른 재화나 서비스의 교환에 사용된다.

2 인플레이션(Inflation)과 디플레이션(Deflation)

(1) 인플레이션

물가수준이 지속적으로 오르거나 화폐가치가 지속적이고 비례적으로 떨어지는 현상을 말한다. 경기호황일 때 발생한다고 하지만 일반적으로 경기불황 속에서 인플레이션이 낮아지고, 호황 속에서 인플레이션이 높아진다.

(2) 디플레이션

물가가 지속적으로 하락하거나 화폐가치가 지속적이고 비례적으로 올라가는 현상을 말하며, 일반적으로 경기불황일 때 발생한다고 본다.

❸ 인플레이션의 발생원인과 영향

(1) 인플레이션의 발생원인

① 총수요의 증가

  ㉠ 가계소비, 기업투자, 정부지출, 수출 등 총수요가 증대되면서 발생하는 인플레이션이다.

  ㉡ 통화량이 증가하면서 시중에 돈이 풍부해지면서 이자율이 하락한다.

  ㉢ 이자율이 하락하면 기업의 투자와 가계가 할부로 구입하는 내구재 소비 등이 늘어난다.

② 총공급의 감소

  ㉠ 원유ㆍ원자재의 비용 상승, 임금상승으로 인한 생산비 증가 등 총공급이 줄어들면서 발생하는 인플레이션이다.

  ㉡ 총수요는 변함이 없는 상태에서 원자재 가격 등의 비용이 상승하면 기업들은 제품 가격을 인상시켜 이를 보전하고자 하고, 이는 다시 기업의 생산이 위축으로 연결되면서 총공급이 감소하게 된다.

  ㉢ 물가 상승과 생산 감소가 함께 한다는 것인데 이를 스태그플레이션(Stagflation)이라고 부르기도 한다.

> **더 알아보기 ▶ 스태그플레이션(Stagflation)**
>
> 경기침체를 뜻하는 스태그네이션(Stagnation)과 인플레이션(Inflation)의 합성어로, 경제침체의 상황에서 물가 상승이 동시에 발생하고 있는 상태를 일컫는다. 즉, 저성장ㆍ고물가 상태로 불황기에도 물가가 지속적으로 상승하는 경향을 말한다. 대표적으로 1970년대의 석유파동 사태가 해당한다.

(2) 인플레이션의 영향

① 빈부 격차의 심화

  ㉠ 인플레이션이 발생하면 땅이나 건물, 재고 상품과 같은 실물가격이 물가와 함께 상승하여 실물자산을 가지고 있는 사람에게 유리하다.

  ㉡ 주택이나 건물을 가지고 있지 않은 서민들이나 임금노동자들은 실질소득이 감소(화폐가치 하락)하게 된다.

② 부동산 투기성행

    ㉠ 인플레이션이 발생하면 저축보다는 건물 구입 등의 비생산적인 투기에 관심을 갖게 된다.

    ㉡ 화폐가치가 하락하면서 저축이 감소되고 이는 기업의 투자활동의 위축을 초래하여 국민경제의 성장을 저해하게 된다.

③ 국제수지의 악화

    ㉠ 인플레이션이 발생하면 상대적으로 외국 상품이 자국 상품보다 가격이 싸기 때문에 수입이 증가하고 수출이 줄어들 것이다.

    ㉡ 국내 물가의 상승은 수출품의 가격상승으로 이어져 외국 소비자의 수요가 감소하고 이는 국제수지의 악화와 연결된다.

4 피셔방정식(인플레이션과 이자율의 관계)

(1) 개 념

① 명목이자율과 실질이자율, 물가상승률 간의 관계를 나타내는 식이다.

② 명목이자율은 실질이자율과 인플레이션의 합이라는 관계를 방정식으로 나타냈다.

(2) 산 식

① 피셔방정식

$$명목이자율 = 실질이자율 - (기대)물가상승률$$

② 실질이자율

$$실질이자율 = 명목이자율 - (기대)물가상승률$$

5 초인플레이션

(1) 개 념

극단적인 형태의 인플레이션으로 물가가 통제불가능 상태에 놓이는 상태를 말한다. 순식간에 물가가 몇 배씩 치솟고, 연간 물가상승률이 수백 퍼센트에 달하게 되는 현상이다. 통상적으로 월별 인플레이션율이 50퍼센트를 초과하는 달을 초인플레이션의 시작, 월별 인플레이션율이 50퍼센트 미만으로 떨어지고 그 상태가 유지된 지 1년 후를 초인플레이션의 끝으로 본다.

(2) 원 인

대부분 전쟁 등으로 극심한 사회적 혼란을 겪고 있는 상황, 과도한 재정지출로 인해 중앙은행이 화폐를 대규모로 발행하는 상황에서 발생한다.

01 다음은 분식집 메뉴판이다. 가격이 모두 1인분을 기준(김밥은 1줄)으로 한다고 했을 때 물가와 화폐가치에 관련해서 적절하지 않은 내용을 말하는 학생은?　경제-분석력

떡볶이	6,000(+1,000원 인상)
튀 김	3,000(동결)
순 대	3,000(동결)
김 밥	3,000(+500원 인상)

① 서현 : 떡볶이 1인분이 5,000원에서 6,000원으로 올랐으니 화폐의 가치는 하락하였군.

② 수민 : 김밥 1줄은 2,500원에서 3,000원으로 올랐으니 부모님이 한끼 밥값으로 주시는 용돈 5,000원으로는 이제 1줄 밖에 사먹을 수 없겠군.

③ 지유 : 튀김 1인분의 가격은 순대 1인분의 화폐가치와 동일하군.

④ 지아 : 자주 사먹는 떡볶이와 김밥 값이 올랐으니 소비자 물가가 올랐다고 할 수 있겠군.

⑤ 하율 : 순대 2인분의 가격과 떡볶이 1인분의 가격이 같으므로 순대의 화폐가치는 상승했다고 볼 수 있겠군.

해설 ....

물가가 오르면 재화를 구입할 수 있는 힘, 즉 구매력을 의미하는 화폐가치는 하락하게 된다. 떡볶이의 순대의 가격은 동결하였으므로 순대의 화폐가치는 떡볶이에 대해 상대적으로 하락하였다.

정답 ⑤

02 현재 사과 1개의 가격이 1,000원이고, 1년 후 사과 1개의 가격은 3% 오른 1,030원이다. 현재 보유한 1,000원으로 사과 1개를 살 수 있고, 1년 후의 원리금 1,050원으로는 사과 1.02개를 살 수 있다. 사과 1개라는 실물자본에 대한 실질이자율로 옳은 것은?　경제-사고력

① 1%
② 2%
③ 3%
④ 4%
⑤ 5%

해설 ....

현재 보유한 1,000원으로 사과 1개(1,000÷1,000)를 살 수 있고, 1년 후의 원리금 1,050원으로는 사과 1.02개(1,050÷1,030)를 살 수 있다. 즉, 사과 1개라는 실물자본에 대해 사과 0.02개라는 실물이자를 얻었으며 실질이자율은 2%가 된다.

∴ 실질이자율(2%) = 명목이자율(5%) − 물가상승률(3%)이다.

정답 ②

03 다음의 사례에서 베이브 루스의 연봉을 20x2년 현재의 실질가치로 구한 것으로 옳은 것은?

경제−사고력

> 미국의 전설적인 야구선수인 베이브 루스는 1931년에 뉴욕 양키스팀으로부터 연봉 8만달
> 러를 받았다. 20x2년 현재 메이저리거 선수의 평균연봉은 무려 580만달러이고 최고 연봉
> 선수는 2,600만달러를 받는다. 단, 1931년 물가지수는 15이며, 20x2년 물가지수는 195이다.

① 104만달러   ② 110만달러
③ 250만달러   ④ 440만달러
⑤ 580만달러

해 설
1931년 물가지수가 15이고, 20x2년 현재 물가지수가 195라면 물가는 13배 올랐다. 베이비 루스의 연봉 8만달러에
13을 곱하면 104만달러가 된다. 20x2년의 가치로 나타낸 베이비 루스의 연봉은 104만달러인 것이다.

정 답 ①

04 어떤 나라의 경제가 침체 상태인데도 물가가 상승하고 있다면, 이와 관련한 설명 중 옳지
않은 것은?

경제−지식

① 원유 가격 인상과 원유 생산 제한으로 인한 석유 파동으로도 발생할 수 있다.
② 스태그플레이션(Stagflation)이라고 한다.
③ 원자재 가격이 상승하면 이런 상황이 발생할 수 있다.
④ 갑자기 수출량이 줄어들면 이런 상황이 나타날 수 있다.
⑤ 태풍, 지진 등 심각한 자연재해로 인한 생필품 부족 현상으로 인해 발생할 수 있다.

해 설
수출량 감소는 한 나라의 총수요를 줄어들게 하므로 물가가 하락하면서 불황이 나타난다. 경기불황 속에서 물가가
동시에 상승하는 현상은 스태그플레이션(Stagflation)이며, 그 요인에는 원유나 원자재 가격 급등, 자연재해 등이
있다.

정 답 ④

1 실 업

실업이란 일할 능력과 의지가 있음에도 불구하고 일자리를 구하지 못하고 있는 상태를 말한다. 실업은 실업자 본인에게 직장 및 소득의 상실과 그에 따르는 경제적 · 심리적 고통을 가져다준다. 실업은 국가 경제 전체로 보면 노동력의 불완전 사용으로 인한 낭비를 가져오는 요인이 된다.

2 실업률의 측정

(1) 실업률의 개념

① 경제활동인구 중에서 실업자가 차지하는 비율을 말한다.

② 우리나라에서는 매월 통계청이 조사대상월 15일 현재 만 15세 이상 인구 중 경제활동인구를 대상으로 고용지표를 조사한다.

③ 산 식

$$실업률(\%) = (실업자/경제활동인구) \times 100$$

> **더 알아보기 ▶ 고용률 산식**
>
> 고용률이란 15세 이상 인구 중 취업자의 비율을 말한다. 그 산식은 다음과 같다.
>
> $$고용률(\%) = (취업자/생산가능인구) \times 100$$

(2) 통계청 고용지표상 인구 분류

전체 인구	15세 이상 인구	노동가능 인구	경제활동 인구	취업자	• 수입을 목적으로 1시간 이상 일한 자 • 동일가구 내 가구원이 운영하는 농장이나 사업체의 수입을 위해 18시간 이상 일한 무급 가족 종사자 • 일시 휴직자
				실업자	• 지난 4주간 일자리를 찾아 적극적으로 구직활동을 하였던 사람으로서 일이 주어지면 곧 바로 취업할 수 있는 자
			비경제활동인구		• 주부, 학생, 취업(진학)준비자, 연로자, 심신장애인, 구직단념자 등
		생산가능인구			• 군인, 교도소 재소자, 유소년 · 노년 인구
	15세 미만 인구				• 근로기준법상의 노동력 제공이 불가능한 연령자

① 노동가능인구

㉠ 전체 인구 중에서 15세 이상의 인구를 계산하는데, 경제활동인구와 비경제활동인구를 모두 포함한다.

㉡ 경제활동에 참가하고자 하는 사람인 '경제활동인구'와 일할 의사가 없는 '비경제활동인구'로 구분된다.

㉢ 경제활동인구는 일할 의사가 있고 직장을 구한 취업자와 일할 의사가 있고 취업이 되면 당장이라도 일할 의사가 있지만 취업하지 못한 실업자로 구분된다.

② 생산가능인구

생산가능 연령인 15세 이상 인구이지만 군인·교도소 재소자 등은 노동력을 제공할 수 없기 때문에 이들은 노동가능인구에서 제외된다.

❸ 실업의 종류

(1) 경기적 실업

경기변동의 과정에서 발생하는 실업으로 주로 경기침체기에 고용이 줄어들 때 나타난다. 경기 활성화 정책이나 세금 감면, 통화량 확대 등 경기부양 정책을 통해 경기적 실업을 줄일 수 있다.

(2) 계절적 실업

대학교 졸업생들이 사회 진출을 하는 2월이나 농부의 농한기, 겨울철 등 공사가 줄어드는 시기의 일용직 노동자 등 계절적 요인에 의해 일자리가 줄어들며 발생하는 실업이다.

(3) 구조적 실업

기술의 혁신으로 기존 기술이 쓸모 없어지거나 산업구조의 변화로 어떤 산업이 사양산업이 되면서 발생한다. 새로운 산업에서 필요로 하는 고도의 기술을 습득하게 하거나 재교육하는 방안으로 줄일 수 있다.

(4) 마찰적 실업

새로운 일자리를 찾거나 이직 과정에서 일시적으로 발생하는 실업이다. 경기침체로 인해 발생한 비자발적 실업이 아닌 구직자 스스로 다른 회사의 탐색 과정에서 실업상태에 놓이는 자발적 실업이다.

더 알아보기 ▶ 오쿤의 법칙(Okun's Law)

실업률과 경제성장률 사이 상관관계 경향을 말한다. 미국의 경제학자 아서 멜빈 오쿤이 발견한 법칙으로, 만약 미국에서 실업률이 1% 증가하면 산출량이 3% 감소한다는 사실을 밝혀냈다. 우리나라에서는 실업률이 1% 증가하면 GDP 3.6%가 감소한다는 사실이 KDI에 의해 밝혀졌다.

01 다음의 사례에서 실업의 발생요인으로 옳은 것은? 경제-사고력

> 몇십 년 동안 손으로 설계도를 그려온 건축설계사는 새로운 컴퓨터 설계 기술을 익히지 못해 직장을 잃게 되었다.

① 구조적 실업
② 계절적 실업
③ 마찰적 실업
④ 경기적 실업
⑤ 자발적 실업

해설
몇십 년 동안 손으로 설계도를 그려온 건축설계사가 새로운 컴퓨터 설계 기술을 익히지 못해 직장을 잃게 된 경우는 새롭게 시작된 사업에 적응하지 못한 경우로 구조적 실업의 사례라고 할 수 있다.

정답 ①

02 다음에 나타난 A씨의 사례가 고용 부문 통계에 미치는 효과로 옳은 것은? 경제-사고력

> A씨는 38세의 주부로 결혼 전까지는 회사를 다녔으나 결혼 후 퇴사하였다. 최근 3살인 아들이 어린이집에 다니게 되었고, 남편의 적극적인 지지로 인해 결혼 전에 다니던 업종으로 재취업했다.

① 실업률이 높아진다.
② 비경제활동인구가 증가한다.
③ 고용률과 실업률이 동반 상승한다.
④ 경제활동참가율이 상승한다.
⑤ 경제활동참가율은 동일하다.

해설
A씨는 주부(비경제활동인구에 속함)에서 취업을 한 것이므로 경제활동참가율, 고용률이 상승하며 실업률은 하락하게 된다. 비경제활동인구는 감소한다.

정답 ④

1 필립스곡선의 의의

(1) 개 념

1958년 영국의 경제학자인 필립스(A. W. Phillips)가 발견한 것으로 실업률과 물가상승률 간 단기적 상충관계(Trade-off)를 나타낸다.

(2) 전 제

① 실업률과 물가상승률 사이에는 역(-)관계가 있다.

② 실업률을 낮추려다 보면 물가가 오르고, 반대로 물가를 낮추려다 보면 실업률이 높아진다.

　　㉠ 정부가 조세감면, 통화량 증가 등 경기확장정책을 쓰면 실업률은 감소하나 물가가 상승한다.

　　㉡ 정부의 지출 감소, 조세 증가, 통화량 감소 등 물가안정책을 쓰면 물가는 하락하나 실업률이 증가할 수 있다.

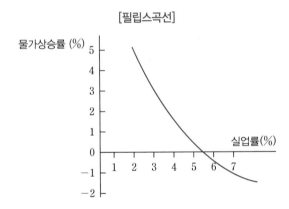

2 필립스곡선의 이동

(1) 배 경

① 필립스곡선은 물가가 상승할수록 공급이 활성화되면서 실업이 줄어든다는 것이 핵심인데 1970년 오일쇼크 이후 자연재해, 원자재 가격 상승, 노조 임금 인상 등의 요인(공급 충격)에 실업률과 물가 모두 상승하는 스태그플레이션(Stagflation)이 발생하였다.

② 기존 필립스곡선으로는 설명이 되지 않아 필립스곡선의 우측 이동으로 스태그플레이션을 설명한다.

③ 공급충격은 가격을 상승시키고 총공급곡선을 좌측으로 이동시키며, 필립스곡선을 우측으로 이동시킨다.

(2) 필립스곡선의 우측 이동 요인

① 요일쇼크 및 수입 원자재 가격 상승, 노조 임금 인상 등으로 공급가가 초과가 된 경우

② 자연재해 및 흉작의 발생, 자원 고갈 등으로 자원이 희소화된 경우

③ 노동자 여가선호 높아져 실업보험 등 사회보장제도가 확대되거나 노동자의 예상 물가상승률이 높아진 경우

예상문제

01 일반적인 필립스곡선에 나타나는 실업률과 인플레이션의 관계에 대한 설명으로 옳지 않은 것은?

경제-사고력

① 실업률과 물가상승률 사이에는 역(-)관계가 있다.
② 실업률을 낮추기 위하여 확장적인 통화정책을 사용하는 경우 인플레이션이 일어난다.
③ 원자재 가격이 상승하는 경우 실업률이 감소하지 않더라도 인플레이션이 심화된다.
④ 인플레이션에 대한 높은 기대 때문에 인플레이션이 나타난 경우에도 실업률은 하락한다.
⑤ 정부가 조세감면, 통화량 증가 정책 등 경기확장정책 쓰면 실업률은 감소하나 물가가 상승한다.

해 설
인플레이션 기대나 원자재 가격 상승 때문에 물가가 상승할 때는 실업률이 하락하지 않을 수 있다.

정 답 ④

(더) 알아보기 ▶ 온디맨드 이코노미(On-Demand Economy)와 긱 이코노미(Gig Economy)

온디맨드 이코노미란 수요자의 요구에 맞게 즉각 상품이나 서비스를 제공하는 경제 시스템을 말한다. 대표적인 형태로 수요자와 공급자를 실시간으로 연결시켜주는 숙박공유 서비스, 배달음식 서비스, 영업용 승용차 서비스 등이 있다.
이러한 상황에서 필요에 따라 임시로 계약을 맺고 일을 하는 경제 시스템을 긱 이코노미라고 부른다. 예컨대 배달 라이더, 영업용 승용차 운전자 등이 여기에 속한다. 1920년대 미국 재즈 공연장에서 필요할 때마다 단기적으로 섭외한 연주자를 '긱 (Gig)'이라고 부른 데서 유래한 용어이다.

01 | 경제안정화정책

1 의의

(1) 개념

① 경제안정화정책이란 경제가 침체되거나 인플레이션이 발생하는 등의 경기상황에서 정부나 중앙은행이 확장 또는 긴축적 재정·통화정책을 펼치는 것을 말한다.

② 경제안정화정책을 통해 경기과열이나 침체상황을 안정시켜 국민경제의 안정적인 성장을 이루는 데 목적을 두고 있다.

③ 경기가 위축되었을 때는 확장정책을 통해 경기 활성화를 유도하며, 반대로 경기가 과열되었을 때는 긴축정책을 통해 경기가 안정되도록 한다.

(2) 필요성

① 경제가 안정적으로 성장하는 데 방해가 되는 경기변동(경기순환)을 방비할 수 있다.

② 지나치게 호경기나 불경기로 향하는 것을 예방하고 국민경제의 생산능력에 맞춰 지출을 조절한다.

2 경제안정화정책

경기침체 시 (확장정책)	• 정부 지출 증가 : 정부는 투자 및 소비 지출을 늘린다. • 조세 수입 감소 : 금리, 세율을 인하해 민간투자·소비를 증대시킨다. • 통화량 증가 : 중앙은행에서는 국공채의 매입, 재할인율 인하, 지급준비율 인하 등 시중의 통화 공급을 늘린다.
경기과열 시 (긴축정책)	• 정부 지출 감소 : 정부는 재정 지출을 줄인다. • 조세 수입 증가 : 금리, 세율을 인상해 민간투자·소비를 억제한다. • 통화량 감소 : 중앙은행에서는 국공채의 매각, 재할인율 인상, 지급준비율 인상 등 시중의 통화 공급을 줄인다.

과열되지도 냉각되지도 않는, 다시 말해 고성장에도 물가는 상승하지 않는 이상적 경제 상황을 말한다. 미국의 경제학자 데이비드 슐먼이 처음 사용한 용어로, 인플레이션이나 경기 침체를 우려할 필요가 없는 경제 상태를 뜻한다. 영국의 전래동화 『골디락스와 세 마리 곰』에서 주인공 금발머리 소녀 골디락스가 세 가지 죽 중 가장 먹기에 알맞은 온도의 죽을 골라냈다는 데서 유래한 명칭이다.

한편 판매전략 기법 중 아주 비싼 상품과 싼 상품, 그리고 중간 가격 상품을 함께 진열해 소비자가 중간 가격 상품을 선택하게끔 유도하는 전략을 뜻하는 '골디락스 가격(Goldilocks Price)'이라는 용어도 있다.

📈 예상문제

01 경기과열 시의 경제안정화정책으로 옳지 않은 것은?   경제-지식

① 정부에서는 긴축정책을 펼친다.
② 정부는 경기과열을 막기 위해 재정 지출을 축소한다.
③ 금리와 세율을 인상한다.
④ 민간투자와 소비의 활성화를 유도한다.
⑤ 중앙은행에서는 시중의 통화 공급을 줄인다.

해 설
경기가 과열되는 상황에서는 금리와 세율을 인상하는 긴축정책을 통해 민간투자와 소비를 억제한다.

정 답 ④

1 의 의

(1) 개 념

① 재정정책이란 정부가 경기관리를 위해 재정지출을 증가(감소)하거나 또는 세금을 조정하는 등의 행위를 통해 세입과 세출을 조절하는 정책을 말한다.

② 정부의 세입 · 세출 조정행위는 가계와 기업의 가처분소득을 조절하는 역할을 하게 되어 총수요에 영향을 끼친다.

③ 대표적인 재정정책의 예로는 정부구매, 이전지출, 조세정책이 있다.

(2) 재정정책의 기능

경제안정화 기능	국민경제의 고용수준을 늘리거나 물가를 안정되도록 조정한다.
경제발전 기능	조세 감면조치나 조세 혜택을 통해서 경제를 발전시킨다.
소득재분배 기능	고소득자에는 누진적 세율을, 저소득자에게는 사회보장비 지급 등을 통해 소득 격차를 어느 정도 완화한다.
자원배분 기능	세입과 세출을 통하여 자원의 배분에 영향을 끼친다.

2 정부구매와 이전지출

(1) 정부구매(정부지출)

① 개 념

정부가 직접 재화나 서비스를 구매하는 것을 정부구매 또는 정부지출이라고 한다.

② 재정정책에서의 정부구매

㉠ 경기가 침체된 경우 정부는 정부구매를 늘려 총수요를 증대시킨다.

　　예 1930년대 대공황을 극복하기 위한 미국의 뉴딜정책, 사회간접자본의 건설 등

㉡ 경기가 과열된 경우 정부는 정부구매를 줄여 총수요를 감소시킨다.

③ 장단점

㉠ 총수요가 늘어나며 생산량과 고용, 국민소득 증가로 이어진다.

㉡ 밀어내기 효과가 발생한다.

(2) 이전지출

① 개 념

정부가 민간 경제주체에 아무 대가를 요구하지 않고 무상으로 지원해 주는 금전적 지출이다.

② 재정정책에서의 이전지출

실업급여, 긴급재난지원금 등 민간 경제주체에 보조금을 지급하는 방안을 통해 총수요를 확대시킨다.

예 가계 소득이 낮은 가정에 근로장려금 등 보조금을 주는 것

③ 장단점

　㉠ 소득이 낮은 민간 경제주체의 소비 여력을 늘려 총수요가 증가한다.

　㉡ 정부의 재정 부담이 가중화되며, 민간의 생산활동(자활능력)을 저해하는 요인이 된다.

❸ 조세정책

(1) 개 념

정부가 국민경제에 미치는 영향을 고려하여 조세를 부과하거나 감면하는 정책을 통해 경제문제를 해결하기 위한 정책이다.

(2) 재정정책에서의 조세정책

① 경기가 침체된 경우 세금을 낮춰서 총수요를 증대시킨다.

예 취득세와 등록세 감면

② 경기가 과열된 경우 세금을 늘려서 총수요를 감소시킨다.

(3) 장단점

① 세금 감면 시 가계 소비가 늘어나며 민간 분야의 비중이 증대된다.

② 세금 감면 시 정부의 세수가 줄어들 수 있다.

(4) 세율과 세수의 관계

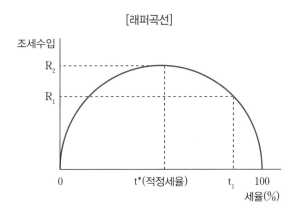

① 세율과 세수 사이에는 역U자의 관계를 이룬다.

② 세율 인상은 세율이 상승할수록 부정적 효과(예 노동자 근로의욕 하락)를 동반한다.

③ 지나치게 높은 세율은 전체 세수를 감소시킨다.

01 다음 신문기사에서 나타난 내용을 바탕으로 향후 경제상황을 추론한 내용으로 옳지 않은 것은?

경제-분석력

> 정부가 규모로 올해 첫 추가경정예산(추경)을 확정했다. 정부는 초과 세수를 일부 추경 재원으로 활용한다고 했지만, 부족한 재원은 적자국채로 14조 8,000억원어치를 발행했다.

① 국채발행으로 국내총생산 대비 국채비율이 높아질 것이다.
② 정부의 재정지출 확대로 향후 가계소비가 활성화될 것이다.
③ 기업의 고용은 감소할 것이다.
④ 정부 재정지출을 확대하여 총수요를 증대시킬 것이다.
⑤ 밀어내기 효과가 발생할 수 있다.

해설

정부의 재정지출은 경기부진을 일시적으로 타개할 수 있지만, 적자국채가 발생되면 향후 국내총생산 대비 국채비율이 높아질 수 있다. 정부의 재정지출이 확대될 경우 가계소비, 기업의 소비와 투자가 증대되고, 이는 결과적으로 생산량, 고용, 국민소득 부분의 증가로 이어져 총수요를 증대시킨다. 다만, 경기활성화를 위하여 정부가 재정지출을 늘리면 이자율이 상승하여 밀어내기 효과가 발생할 수 있다.

정답 ③

02 경제 성장세가 하락세일 때 정부가 시행할 정책으로 옳은 것은?

금융-지식

① 소비세율 인상　　　　② 원화 평가절상
③ 지급준비율 인상　　　④ 대출 규제 강화
⑤ 실업급여 지급 확대

해설

경제 성장세가 하락할 때 정부는 실업급여 지급 확대 등 경기활성화정책을 시행한다. 일반적으로 경기를 부양하기 위해 정부는 지출을 늘리고 세율을 인하하는 적자 재정정책을 시행하며, 통화량을 증가시키고 금리를 인하하는 확장적 금융정책을 시행한다. 정부가 대출 규제를 강화하고 은행 지급준비율을 인상하면 시중 통화량이 감소하게 된다.

정답 ⑤

1 통화와 유동성

통화(화폐)는 지불 혹은 유통 수단으로 기능하는 결제 수단을 말한다. 국가에서 공식적으로 지정한 지폐와 동전이 대표적인 사례이며, 예금 또한 통화로 본다. 예금과 현금을 아울러 '협의통화(M1)'라고 부른다. 이때 현금화하기에 용이한 정도를 '유동성(Liquidity)'이라고 말한다. 다시 말해 일반적으로 물건을 사거나 팔 때 바로 결제수단으로 사용 가능한 현금이 유동성이 가장 높다. 당좌예금, 보통예금 등 언제든 현금을 인출할 수 있는 경우도 유동성이 높은 것이다. 당장 현금화할 수 없는 건물, 토지 등 부동산은 상대적으로 유동성이 낮은 것으로 본다.

협의통화에 '2년 만기 이내의 적금(유동성 비교적 낮음)'을 더하면 '광의통화(M2)'인데, 이는 시중에 풀려있는 통화량의 지표로 가장 널리 활용되고 있다.

2 통화금융정책의 의의

(1) 개 념

① 통화금융정책은 화폐의 독점적 발행권을 지닌 중앙은행이 통화량이나 이자율을 조절함으로써 물가를 안정시키고 나아가 경제성장을 달성하고자 하는 정책을 말한다.

② 대표적인 통화금융정책의 예로는 중앙은행의 통화 공급 조절이 있다.

(2) 통화금융정책의 기능

물가안정 기능	물가가 치솟으면 시중이자율을 조정하여 시장의 기능을 보완한다.
경제성장 기능	거시경제정책의 중요한 수단의 하나로서 재정정책을 이용하여 경제성장을 도모한다.
고용안정 기능	금융위기 시 은행이나 기업이 도산하는 것을 방지하여 고용안전의 기능을 수행한다.

3 화폐시장의 균형과 시중이자율의 결정

(1) 화폐시장의 균형

① 화폐시장의 균형은 화폐에 대한 수요와 공급이 일치할 때 성립한다.

② 화폐시장의 균형은 수직 화폐의 공급곡선과 우하향하는 수요곡선이 교차하는 점이다.

③ 화폐의 공급은 중앙은행에 의해 이루어지므로 균일하게 수직 형태를 띤다.

[화폐시장의 균형]

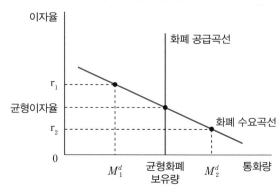

(2) 시중이자율의 결정

어떤 재화의 가격이 수요와 공급이 균형을 이루는 수준에서 결정되듯, 이자율도 화폐의 공급과 화폐의 수요가 일치하는 수준에서 결정된다. 화폐의 수요와 공급이 변동하면 이자율도 변한다.

4 일반적 통화정책 수단

(1) 공개시장 조작정책

① 중앙은행이 통화량 조정이 필요하다고 판단될 때 채권시장에서 채권을 매입·매각함으로써 조절하는 정책이다.

② 방 식

ㄱ 중앙은행이 채권을 매입하고 화폐를 지급하면 시중에 통화량이 늘어난다.

ㄴ 중앙은행이 채권을 매각하고 화폐를 받으면 시중에 통화량이 줄어든다.

(2) 지급준비율정책

① 중앙은행이 예금에 대한 법정지급준비율을 조절하는 정책이다. 중앙은행은 예금의 일정 부분을 지급준비금으로 은행 내부에 반드시 남겨 두고 대출하도록 법으로 정해 놓았는데, 이를 법정준비금이라 한다. 일반적으로 이 법정준비금의 비율을 지급준비율이라 한다.

② 방 식

ㄱ 준비예금의 비율을 증가 혹은 감소시켜 시중의 통화량을 조절한다.

ㄴ 경기를 부양하려고 할 때 지급준비율을 낮추고, 인플레이션을 막으려 할 때 지급준비율을 높인다.

(3) 재할인율정책

① 중앙은행이 일반은행에 돈을 빌려줄 때 이자율인 재할인율을 조정하여 통화를 조절하는 정책이다.

② 방 식

ㄱ 재할인율이 내려가면 일반은행이 중앙은행으로부터 차입을 늘려 결과적으로 시중에는 통화량이 증가하게 된다.

ⓒ 재할인율이 올라가면 일반은행이 중앙은행으로부터 차입을 줄여 결과적으로 시중에는 통화량이 감소하게 된다.

더 알아보기 ▶ 한국과 미국의 중앙은행의 통화금융정책

구 분	중앙은행	내 용	특 징
한 국	한국은행	한국은행 기준금리	단일의 중앙은행
미 국	연방준비제도(Fed)	연방기금금리	각 지역별 연방준비은행 존재

5 선별적 통화정책 수단

(1) 의 의

① 정책효과가 국민경제의 어떤 특정부문에만 선별적으로 영향을 미치는 것으로, 정책효과가 국민전반에 영향을 미칠 수 있도록 하는 일반적 통화정책의 상대적인 개념이다.

② 경제안정을 주 목적으로 은행의 대출에 대해 통화당국이 직접 개입하여 통화량이나 이자율을 규제하는 데, 대출한도제, 이자율 규제정책 등이 대표적이다.

(2) 선별적 통제

① 경제안정을 주목적으로 하는 것으로서 일반적 금융통제 정책의 집행결과로서 어떤 특정부문이 바람직하지 못한 영향을 받는 경우 그것을 중화하기 위해 취하는 방식이다.

② 부동산투기 등 주택시장에 대한 우려가 발생하는 경우 주택자금대출에 제한을 가하는 것이 대표적 사례이다.

(3) 경제육성(경제발전)

① 통화당국이 경제의 특정부문에 대해 육성을 하거나 발전시켜 자금의 공급을 촉진하기 위한 것이다.

② 자금의 배분에 차별적으로 개입하는 방식으로 대부분의 특수은행 설립목적이 이에 해당한다.

[통화정책 수단의 구분]

구 분	일반적 통화정책 수단	선별적 통화정책 수단
정책효과의 범위	국민 전반	특정 부문
통화량 조절방법	간 접	직 접
목 표	통화량의 총량 조절	특정 부문의 자금공급 조절
예 시	지급준비율정책, 공개시장조작, 재할인율	주택시장 대출제한, 수출에서의 낮은 대출이자율

01 화폐시장에서 통화공급을 증가시키는 요인을 모두 고른 것은?

경제-지식

> ㄱ. 중앙은행의 채권 매입
> ㄴ. 개인의 현금보유량 증가
> ㄷ. 지급준비율 감소
> ㄹ. 재할인율 인상

① ㄱ, ㄴ ② ㄱ, ㄷ

③ ㄴ, ㄷ ④ ㄴ, ㄹ

⑤ ㄷ, ㄹ

해설

ㄴ. 예금주들의 현금인출이 증가하거나 개인들이 현금보유량을 늘리면 현금통화비율이 상승하므로 통화승수(본원
통화의 통화창출능력)가 낮아지게 되며, 통화승수가 낮아지면 통화공급이 감소한다.

ㄹ. 재할인율이 올라가면 일반은행은 중앙은행으로부터 차입을 늘릴(줄일) 것이다. 이는 통화가 환수되는 것으로
통화량이 감소하는 것을 의미한다.

정답 ②

02 다음 신문기사에서 나타난 내용을 바탕으로 향후 경제상황을 추론한 내용으로 옳지 않은
것은?

경제-분석력

> 한국은행이 지난 달에 이어 이번 달도 기준금리 인하를 발효했다. 기준금리는 2.5%에서
> 2.25%로 0.25% 인하했다.

① 경제전반의 금리수준이 상승할 것이다.

② 가계의 소비와 기업의 투자를 촉진할 것이다.

③ 원화환율이 상승할 것이다.

④ 자산가격의 상승을 유도할 것이다.

⑤ 수출이 증대될 것이다.

해설

한국은행이 기준금리를 인하하면 경제전반의 금리수준이 하락하게 된다. 대출금리 등이 하락하면서 기업의 투자
를 촉진하고 가계의 소비와 자산가격의 상승을 유도할 수 있다. 또한 원화환율을 상승시켜 수출이 증대되게 되며
이는 내수경제의 활성화로 이어지는 효과가 있다.

정답 ①

ⓗ 알아보기 ▶ 구축효과(Crowding-out Effect)와 유동성함정(Liquidity Trap)

구축효과란 재정정책으로 인해 발생하는 현상으로, 정부의 재정지출 증가로 시중의 이자율(금리)이 높아져 민간의 소비 및 투자가 위축되는 현상을 말한다.

반면 유동성함정이란 통화정책으로 인해 발생하는 현상으로, 기준금리를 인하하고 통화를 아무리 공급해도 경기가 회복되지 않는 상태를 말한다. 1930년대 대공황 당시 통화공급량을 늘려도 경기가 회복되지 않은 것을 두고 영국의 경제학자 존 케인스가 처음 사용한 용어이다. 이자율을 낮추고 유동성을 공급하여 사람들의 소비와 기업의 투자를 촉진하고자 하지만, 추후 다시 이자율이 높아질 것이라 생각한 사람들이 현금보유량을 늘리려 하고 기업은 투자를 미루면서 발생하는 현상이다.

케인스에 따르면 구축효과는 이자율 상승을 매개로 하기 때문에, 유동성함정에 빠진 상태에서는 구축효과가 발생하지 않는다.

ⓗ 알아보기 ▶ 승수효과(Multiplier Effect)

정부지출을 늘렸을 때 지출금액보다 더 많은 수요가 창출되는 현상을 말한다. 정부의 지출로 인해 해당 기업의 이윤과 고용이 증가하고, 근로자들의 소득, 주주들의 이윤이 증가해 소비가 증가하는 것이다. 또한 소비 증가로 타 기업들의 재화나 서비스에 대한 수요도 함께 증가하는 것이다. 정부가 지출을 늘려도 총수요가 늘어나지 않는 구축효과와는 반대되는 현상이다.

PART 02

경제

---

01 | 국제무역

■ 무역의 필요성

무역은 나라 간에 물건을 사고팔고 교환을 하는 일을 말하며, 상품뿐만 아니라 기술서비스 분야 등의 자본의 이동도 포함이 된다. 소비자의 입장에서는 무역을 통해 다양한 상품들을 저렴한 가격으로 구매를 할 수 있으며, 생산자의 입장에서는 생산이 불가능한 생산요소를 무역을 통해서 얻을 수 있다. 이러한 상대적 개념을 설명하기 위해 무역에서는 절대우위와 비교우위가 활용된다.

■ 절대우위와 비교우위

(1) 애덤 스미스(Adam Smith)의 절대우위론

① 주요 개념

한 경제주체가 어떤 활동을 다른 경제주체에 비해서 적은 비용으로 할 수 있을 때 절대우위가있다. 한 국가가 다른 곳에 없거나 희소한 물품을 보유한 경우, 어떤 재화와 서비스를 다른 국가에 비해 더 낮은 비용으로 생산하는 경우 절대우위를 갖는다.

② 예시(A국가와 B국가의 생산비용)

(단위 : 명, 1단위당 생산)

구 분	쌀	밀	총 노동투입
A국가	5	2	7
B국가	3	6	9

※ A국 국민이 7명, B국 국민이 9명이며, 각 명수는 쌀과 밀의 1단위 생산에 필요한 노동자 수이다.

㉠ A국은 밀 생산에 7명을 전부 투입해 3.5(=7/2)단위의 밀을 생산해 밀 생산에 특화한다.

㉡ B국은 쌀 생산에 9명을 투입해 3(=9/3)단위의 쌀을 생산해 쌀 생산에 특화한다.

㉢ 특화 이후 A국과 B국이 쌀과 밀 1단위를 서로 교환하면 A국은 특화 전에 비해 1.5단위 밀을 더 가지게 되었고, B국은 1단위 쌀을 더 가지게 되어 양 국가 모두 이득을 얻는다.

㉣ 절대우위에 따르면 한 국가가 모든 분야에서 절대우위에 있는 경우에도 무역이 발생하는 상황은 설명할 수 없다.

(2) 데이비드 리카도(David Ricardo)의 비교우위론

① 주요 개념

절대우위의 한계를 극복하기 위한 것으로 한 경제 주체가 수행하는 어떤 활동의 기회비용이 다른 경제주체에 비해서 낮을 경우 비교우위에 있다고 말한다. 각국이 비교우위를 가지는 상품을 특화하여 다른 나라와 교역하게 되면 모든 국가에 경제적 이익이 발생한다는 이론적 근거를 마련했다.

② 예 시

⊙ A국가와 B국가의 생산성

(단위 : 시간)

구 분	쌀	밀
A국가	8	9
B국가	12	10

A국가는 쌀과 밀 모두 더 적은 비용으로 생산할 수 있기 때문에 두 재화 모두 절대우위를 가지고 있어, 이 경우 절대우위론에서는 무역이 발생하지 않는다. 그러나 기회비용을 따졌을 때 비교우위론에서는 무역이 발생한다.

ⓛ A국가와 B국가의 기회비용

(단위 : 1단위)

구 분	쌀	밀
A국가	밀 0.89	쌀 1.125
B국가	밀 1.2	쌀 0.83

- A국이 쌀 한 개를 더 생산하기 위해서는 밀 0.89(8/9)개를 포기해야 하고, B국에서는 1.2(12/10)개를 포기해야 한다.
- A국이 밀 한 개를 더 생산하기 위해선 쌀 1.125(9/8)개를 포기한 반면, B국은 0.83(10/12)개를 포기해야 한다.
- 쌀 생산에 있어서는 A국의 기회비용이 더 작고, 밀 생산에 있어서는 B국의 기회비용이 더 작다. 따라서 A국은 쌀 생산에, B국은 밀 생산에 비교우위가 있다.

01 다음은 A국가와 B국가가 피자와 치킨을 한 단위 생산할 때 필요한 최소노동시간이다. 이를 해석한 내용으로 옳지 않은 것은?　경제-분석력

(단위 : 시간)

구 분	피 자	치 킨
A국가	1	0.5
B국가	1.5	1

① A국가는 피자와 치킨 생산에 절대우위가 있다.

② A국가는 피자를 한 단위 더 생산하기 위해 치킨 2단위를 포기해야 한다.

③ B국가는 치킨을 한 단위 더 생산하기 위해 피자 2/3단위를 포기해야 한다.

④ B국가는 A국가보다 피자 생산의 기회비용이 더 작다.

⑤ A국가와 B국가는 각자 비교우위를 가진 품목을 특화해 생산한 뒤 이를 교환하면 교역의 이익을 얻을 수 있다.

> 해설
> B국가는 A국가보다 피자 생산의 기회비용이 더 작고, A국가는 B국가보다 치킨 생산의 기회비용이 더 작다. 따라서 B국가는 피자에, A국가는 치킨 생산에 비교우위가 있다.
>
> 정답 ④

02 A국가와 B국가에서 각 재화 1단위 생산에 필요한 투입노동량이 다음과 같다고 가정하였을 때, 양국의 교역에 대한 설명으로 옳지 않은 것은?　경제-분석력

(단위 : 시간)

구 분	쌀	자동차
A국가	8	4
B국가	10	25

① A국은 쌀 생산과 자동차 생산 모두에 있어서 절대우위가 있다.

② A국은 자동차 생산에 비교우위가 있고 B국은 쌀 생산에 비교우위가 있다.

③ 쌀로 표시한 두 상품의 교역조건은 2.5다.

④ A국과 B국은 무역을 통해 모두 이득을 보게 된다.

⑤ B국은 쌀과 자동차 1단위 생산에 각각 0.4와 2.5의 기회비용이 발생한다.

> 해설
> 자유무역이 이뤄질 때 교역조건은 양국의 국내가격비 사이에서 결정되며 쌀 생산의 기회비용이 국내가격비를 나타내 교역조건은 0.4~2에서 결정된다.
>
> 정답 ③

◼ 외환시장

(1) 개 념

① 국가 간의 무역거래에는 서로 다른 종류의 화폐가 거래되는데, 이 많은 각국의 화폐가 교환되는 곳을 외환시장이라 한다. 이때, 거래되는 서로 다른 두 나라의 화폐의 교환비율을 환율이라 한다.

② 외환시장에서는 달러나 한화의 수요량과 공급량에 따라 값이 바뀌게 된다.

> **더 알아보기 ▶ 외환보유액**
>
> 국제수지 불균형의 직접적인 보전 또는 환율에 영향을 미치는 외환시장 개입을 통한 간접적인 국제수지 불균형 규모 조절 등의 목적으로 통화당국(한국은행 및 정부)에 의해 즉시 사용 가능하고 통제되는 대외자산이다.

(2) 환율 표시 방법

① 우리나라의 경우 미국의 1달러와 교환되는 원화의 양을 환율로 정의한다.

> **예** 1달러와 1,000원이 교환된다면 원·달러 환율은 1,000(원/달러)이고, 1달러와 1,200원이 교환된다면 원·달러 환율은 1,200(원/달러)이다.

② 환율이 오르면 1달러를 얻기 위해 필요한 원화의 양이 증가하기 때문에 다음이 성립한다.

> 원·달러 환율상승 = 원화가치 하락

(3) 환율의 결정

① 고정환율제도

  ㉠ 정부나 중앙은행이 환율을 일정수준으로 유지하는 제도이다.

  ㉡ 평가절상과 평가절하

   • 평가절상 : 정부나 중앙은행이 환율을 내리면 자국 화폐가치는 올라가게 된다.

   • 평가절하 : 정부나 중앙은행이 환율을 올리면 자국 화폐가치는 하락하게 된다.

② 변동환율제도

  ㉠ 환율이 외환시장의 수급에 의해 결정되는 제도로 현재 대부분의 국가에서 채택하고 있다.

  ㉡ 절상과 절하

   • 절상 : 달러가치가 내려가면(원화가치 상승) 원·달러 환율이 하락하게 된다.

   • 절하 : 달러가치가 올라가면(원화가치 하락) 원·달러 환율이 상승하게 된다.

- 고정환율처럼 절상이나 절하 앞에 '평가'를 붙이지 않는 것은 고정환율제도가 아닌 변동환율제도에서의 환율변화이기 때문이다.

③ 환율의 결정

[환율의 결정]

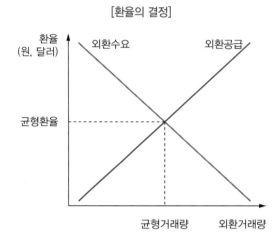

⊙ 현실에서는 고정환율제도와 변동환율제도의 중간 형태인 관리변동환율제도를 통해 외환시장을 관리한다.

ⓛ 환율은 외환수요와 외환공급이 일치하는 지점에서 달성된다. 이때 환율은 균형환율이며, 외환거래량은 균형외환거래량이라고 한다.

ⓒ 달러화의 수요와 공급에 따른 원·달러 환율변화

수 요	• 달러화의 수요가 증가하면 원·달러 균형환율이 상승하고, 균형달러화 거래량도 증가한다. • 달러화의 수요가 감소하면 원·달러 균형환율이 하락하고, 균형달러화 거래량도 감소한다.
공 급	• 달러화의 공급이 증가하면 원·달러 균형환율이 하락하고, 균형달러화 거래량도 증가한다. • 달러화의 공급이 감소하면 원·달러 균형환율이 상승하고, 균형달러화 거래량도 감소한다.

(4) 환율의 변동요인

① 상대국의 물가수준 변동

⊙ 통화가치는 재화, 서비스, 자본 등에 대한 구매력의 척도이므로 결국 환율은 상대 물가수준으로 가늠되는 상대적 구매력에 의해 결정된다.

ⓛ 예를 들어 경기침체로 인한 미국의 소득 감소는 우리나라 재화에 대한 수요 감소(수출 감소)로 나타난다. 수출의 감소는 벌어들일 수 있는 외환이 감소하는 것을 의미하고 외환시장에서 달러공급을 감소시킨다.

ⓒ 이자율이 변동되거나 물가의 변화도 환율을 변동시킨다.

② 시기적 관점

단기적 관점	외환시장 참가자들의 기대나 주변국의 환율 변동, 각종 뉴스
중기적 관점	대외거래, 거시경제정책
장기적 관점	생산성의 변화

③ 경상거래에서의 외환의 수급조건과 원·달러 환율 변화

경상거래	• 외국 대비 국내물가가 상승하면 수입 물가대비 수출 물가가 상승한다. • 순수출이 감소하고 달러화 공급도 감소한다.
외환시장	• 원·달러 환율이 상승하면 달러화 공급은 감소한다.
자본거래	• 외국 대비 이자율이 하락하면 자본의 유출이 발생한다.

예상문제

01 달러화의 수요와 공급에 따른 원·달러 환율의 변화에 대한 설명으로 옳지 않은 것은?

경제-지식

① 외국 대비 국내물가가 상승하면 수출 물가대비 수입 물가가 상승한다.
② 순수출이 감소하면 달러화 공급도 감소한다.
③ 원·달러 환율이 상승하면 달러화 공급은 감소한다.
④ 외국 대비 이자율이 하락하면 자본의 유출이 발생한다.
⑤ 달러화의 공급 감소는 원·달러 환율을 상승시킨다.

해설
외국 대비 국내물가가 상승하면 수입 물가대비 수출 물가가 상승한다.

정답 ①

더 알아보기 ▶ 뉴 노멀(New Normal)

기본적으로 2008년 글로벌 금융위기 이후 세계경제의 특징을 말하는 용어이다. 2008~2012년 글로벌 경기침체, 코로나바이러스19(COVID-19) 이후의 상황을 설명할 때도 많이 언급된다. 시대가 변화하면서 새로운 기준이 되는 것을 일컫는 말로, 저성장, 저소비, 저금리, 저물가, 높은 실업률, 고위험, 정부 부채 증가, 규제강화 등이 2008년 글로벌 경제위기 이후의 뉴노멀로 논의되었다.

1 환율과 국민경제

환율이 변동함에 따라 국민경제에는 여러 가지 좋거나 나쁜 영향이 나타난다.

(1) 긍정적 영향

① 경상수지 개선

원화 환율이 상승하는 경우 경상수지가 개선되고 경제성장이 촉진된다.

② 수출의 증가

수출기업은 더 많은 물량을 수출할 수 있다. 수출품을 같은 가격으로 팔더라도 원화로는 더 많은 금액을 얻게 되므로 수출단가를 낮추어 팔 수 있기 때문이다.

③ 수입의 감소

수입기업은 같은 수입품에 대해 원화로 지불해야 할 금액이 늘어나므로 수입을 줄이게 된다.

④ 일자리 증가

환율이 상승하면 수출이 증가하고 수입이 감소하여 경상수지가 개선되고, 수출증가로 생산과 고용이 증대됨으로써 경제성장이 촉진된다.

(2) 부정적 영향

① 물가수준 상승

환율이 상승하면 국내물가도 상승하고, 원자재 등 수입물품을 이용하여 생산된 제품의 가격도 동반 상승하게 된다.

② 해외채무의 실질적인 부담 증가

환율이 상승하면 외채상환 부담이 증가된다. 외국에서 외화자금을 빌려온 기업이나 금융기관들이 원리금을 상환할 때 갚아야 하는 원화금액이 늘어나게 된다.

2 환율과 국민소득

(1) 환율변동의 효과

① 환율이 오르는 경우 수출에 있어 우리나라 제품의 가격경쟁력이 높아진다.

② 환율이 1달러당 1,000원일 때 채산성이 맞아 어느 재화를 생산하여 수출하는 국내기업의 입장에서 환율이 1달러당 1,200원이 되면 순이익이 전보다 더 많아지게 된다.

③ 외국에 같은 재화를 더 싼 가격으로 팔 수 있어 수출물량이 크게 늘어나 수출액(= 수출단가 × 수출물량)이 증가하게 된다.

(2) 환율과 국민총소득(GNI)과의 관계

원화의 약세(환율의 상승)는 수출품의 상대가격을 낮추는 효과가 있어 우리나라의 교역조건을 악화시키고, 이는 국민총소득(GNI)을 감소시키는 요인이 된다. 같은 원화를 가지고 있더라도 실질구매력이 감소하기 때문이다.

 예상문제

01 고정환율제도와 변동환율제도에 대한 설명으로 옳지 않은 것은? 경제-지식

① 환율제도는 크게 각국 돈의 교환비율이 일정하게 정해진 고정환율제도와 외환시장의 수요와 공급에 의해서 환율이 결정되는 변동환율제도로 나뉜다.
② 고정환율제도의 장점은 환율의 안정으로 국제거래의 활성화를 도모할 수 있다.
③ 고정환율제도는 자국의 환율을 특정수준으로 유지하는 것이 최우선 과제이다.
④ 변동환율제도는 통화정책으로 경기안정을 도모하기 어렵다.
⑤ 변동환율제도의 단점은 환율의 단기 변동 쪽 심화를 생각할 수 있다.

해 설

변동환율제도를 통해 각국의 경기상황에 맞는 통화정책을 이용할 수 있다. 따라서 경기안정을 도모하기 어렵다는 말은 옳지 않다.

정 답 ④

02 변동환율제도에서 환율은 기본적으로 외국돈(외환)의 수급에 따라 결정된다. 다음 설명으로 옳지 않은 것은? 경제-지식

① 수입업자가 외국 상품을 수입하려고 할 경우 환율이 상승할 가능성이 있다.
② 외환시장에서 외환의 초과수요가 발생하면 환율은 상승하고, 초과공급이 발생하면 환율은 하락한다.
③ 외국인 투자자들의 국내 자산 수요증가는 환율을 상승시키는 요인이 된다.
④ 상대국의 물가의 변화도 환율을 변동시킨다.
⑤ 수출이 늘어나 외환의 공급이 증가하면 환율이 하락하고 국내통화의 가치는 높아진다.

해 설

외국인 투자자들의 국내 자산 수요가 증가되면 외환의 공급이 증가되어 환율이 하락하는 요인이 된다.

정 답 ③

03 환율변동이 기업, 가계 등에 미치는 영향에 대한 설명으로 옳지 않은 것은?

① 환율이 1달러당 1,000원에서 1달러당 1,200원으로 되면 수출업자의 순이익은 전보다 늘어난다.
② 환율이 1달러당 1,000원일 때 채산이 맞아 수출하는 기업의 입장에서는 환율이 1달러당 1,200원이 되면 수출제품의 단가를 낮출 수 있다.
③ 환율상승은 해외여행하거나 해외에 거주하는 가족에게 송금하려는 사람들의 부담을 감소시켜 준다.
④ 달러로 표시된 수입단가에 변화가 없더라도 환율이 1달러당 1,000원에서 1달러당 1,100원이 되면 수입업자는 수입을 줄이게 된다.
⑤ 환율상승은 외국에 같은 재화를 더 싼 가격으로 팔 수 있어, 수출물량이 크게 늘어나 수출액이 증가하게 된다.

해설

환율이 상승하면 그 상승분만큼 자국통화를 더 지불해야 하기 때문에 환율상승 이전에 비해 필요한 자국통화가 증가하게 된다. 따라서 해외여행하거나 해외에 거주하는 가족에게 송금하려는 사람들의 부담이 증가된다.

정답 ③

훌륭한 가정만 한 학교가 없고,
덕이 있는 부모만 한 스승은 없다.

−마하트마 간디−

부록

01	금융

01 다음 A금융시장과 B금융시장에 대한 설명으로 옳지 않은 것은?

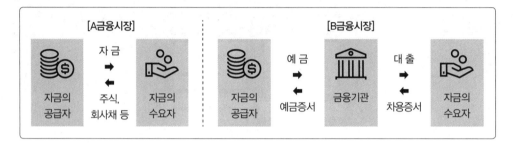

① A금융시장은 기업이 원하는 금액(자금)을 장기로 조달할 수 있기 때문에, 장기설비 투자를 위한 자금 조달이 쉽다.

② A금융시장에서 회사채를 발행할 때는 신용도에 따라서 높은 금리를 지불하거나 발행이 어려운 경우도 있다.

③ B금융시장은 자금의 수요자(일반적으로 기업)가 거래하는 주식, 회사채 등을 자금의 공급자가 직접 매수하여 거래한다.

④ B금융시장은 이자 지급에 대해서 세금을 감면받을 수 있다.

⑤ B금융시장은 높은 신용도를 유지해야 하고, 담보 자산을 마련해야 한다.

02 신용카드에 대한 설명으로 옳은 것은?

① 당장의 현금이 없더라도 재화나 서비스를 편리하게 구매할 수 있다.

② 별도의 카드 가맹점에서만 사용가능한 카드이다.

③ 은행의 예금계좌 내의 현금을 ATM 등에서 찾아서 사용하는 형태의 카드이다.

④ 계좌의 금액을 즉시 사용해 연체 위험이 없어 안전하다.

⑤ 일정액의 현금을 미리 충전 또는 구입하는 방식의 카드이다.

03 전자금융범죄를 예방하는 방안으로 옳지 않은 것은?

① 전자금융거래 후에는 반드시 로그아웃한다.
② 인터넷(모바일)뱅킹의 경우 이체 한도액을 설정하여 한 번 또는 하루의 이체 상한액을 둔다.
③ 비밀번호는 다른 사람들이 쉽게 유추할 수 있는 반복된 문자, 생일 등은 피한다.
④ 악성 바이러스에 대비해 컴퓨터에 백신을 설치하고 주기적으로 체크해야 한다.
⑤ 발신자가 불분명한 문자메세지의 URL을 클릭하여 피해상황 발생 시 신고한다.

04 투자의 3원칙으로는 수익성, 안전성, 유동성이 있다. 이러한 투자의 3원칙의 관계를 설명한 것으로 옳지 않은 것은?

① 채권투자는 주식투자에 비해 안정성은 높지만 수익성은 낮은 편이다.
② 수익성과 유동성을 모두 고려할 경우 부동산 투자가 적합하다.
③ 은행예금은 수익성보다 안정성을 우선시하는 투자이다.
④ 수익성을 우선 고려할 경우 투자의 위험이 커질 수 있다.
⑤ 투자의 3원칙을 모두 고려하는 경우 포트폴리오 투자를 선호한다.

05 다음은 주식시장을 마감한 뒤의 주식시세표이다. 이를 분석한 내용으로 옳지 않은 것은?

종목명	코드번호	종 가	등 락	거래량	고 가	저 가
A텔레콤	000001d	16,800	▲500	59,847	16,900	16,700
B통신	000002b	11,000	0	6,780	10,000	9,880
C물산	000003d	5,390	▼200	36,521	5,400	5,220
D패션	000004c	3,550	▼50	15,489	3,440	3,330

① 주가가 내린 종목은 모두 2개이다.
② A텔레콤의 전일 종가는 17,300원이다.
③ 이날 B통신의 종가는 11,000원이다.
④ 이날 C물산이 장중에 체결되었던 가격 중 가장 높은 가격은 5,400원이다.
⑤ 이날 D패션이 장중에 체결되었던 가격 중 가장 낮은 가격은 3,330원이다.

06 신용점수가 773점이던 사람이 850점으로 조정되었다. 신용점수가 조정된 후의 변화로 옳은 것은?

① 대출의 한도가 이전보다 하향된다.
② 대출의 이자율이 이전보다 높아질 것이다.
③ 제1금융권의 대출을 받기 이전보다 쉬워질 것이다.
④ 신용상태가 이전보다 하락하였다.
⑤ 대출의 중도상환수수료가 줄어들 것이다.

07 다음은 한 가정의 소득을 나타낸 것이다. 이중 재산소득만을 고른 것은?

- 할아버지 : 학교 퇴임 후 매달 사학연금을 받아요.
- 할머니 : 주식 배당금을 분기별로 지급받아요.
- 아버지 : 이번 달에 명절 상여금으로 100만원을 받았어요.
- 어머니 : 적금이 만기되어 이자와 원금을 받았어요.
- 자녀 : 유튜브 광고수익으로 1,000원을 벌었어요.

① 아버지, 어머니
② 할머니, 어머니
③ 할머니, 아버지
④ 할아버지, 할머니
⑤ 할아버지, 자녀

08 A씨는 은행에서 100만원을 연 10% 단리로 3년간 정기예금을 하기로 하고 상품에 가입하였다. A씨의 만기 시 원리금 누적액으로 옳은 것은?

① 100만원   ② 110만원
③ 120만원   ④ 130만원
⑤ 140만원

09 예금금리와 대출금리에 대한 설명으로 옳지 않은 것은?

① 예금금리는 예금자가 금융기관에 돈을 예금하고 금융기관에서 지급받는 금리이다.

② 대출금리는 대출자가 금융기관에 돈을 빌리고 금융기관에 지급하는 금리이다.

③ 대출금리가 일반적으로 예금금리보다 낮다.

④ 동일한 돈이라 하더라도 대출금리는 대출자의 신용도, 거래실적 등에 따라 달라진다.

⑤ 예금금리가 높고 낮음은 돈의 수요와 관련이 있다.

10 다음은 포트폴리오 자산구성 내용이다. A는 보수적 성향 투자자이고, B는 공격적 성향 투자자라고 가정할 때 각각의 투자자들이 선택할 포트폴리오를 고른 것은?

(단위 : %)

구 분	주 식	채 권
포트폴리오 1	60	40
포트폴리오 2	40	60
포트폴리오 3	70	30

	투자자 A	투자자 B
①	포트폴리오 1	포트폴리오 1
②	포트폴리오 1	포트폴리오 3
③	포트폴리오 2	포트폴리오 3
④	포트폴리오 2	포트폴리오 2
⑤	포트폴리오 3	포트폴리오 2

11 간접투자방식으로 투자되는 금융상품에 대한 설명으로 옳은 것은?

① 자금이 필요한 기업이나 기관의 유동성 자산, 주식, 채권을 투자자 자신이 직접 사고파는 방식이다.

② 원금의 손실 위험이 적어서 안정적인 투자를 원하는 사람들이 선호한다.

③ 포트폴리오 투자의 한 종류이다.

④ 인덱스펀드는 간접투자방식에 해당되지 않는다.

⑤ 주주는 주식 보유수에 따라 회사의 순이익과 순자산에 대한 지분청구권을 갖는다.

12 다음은 한 1인 가구의 1년간 수입과 지출 내역을 정리한 것이다. 그 설명으로 옳지 않은 것은?

(단위 : 만원)

구 분	수 입	지 출
근로소득	3,200	-
재산소득	800	-
식 비	-	1,200
의복비	-	400
통신비	-	120
사회보험비	-	300
세 금	-	200
합 계	4,000	2,220

① 가계의 총수입은 4,000만원이다.
② 가계의 총지출은 2,220만원이다.
③ 소비지출은 1,720만원이다.
④ 비소비지출은 500만원이다.
⑤ 가처분소득은 3,000만원이다.

13 한국은행의 특징으로 옳지 않은 것은?

① 통화량과 이자율을 조정한다.
② 물가를 안정시키는 게 목적이다.
③ 우리나라의 화폐를 발행한다.
④ 예금과 대출업무를 수행한다.
⑤ 외환보유액을 조절한다.

14 다음 보험증권에 나타난 보험계약사항에 대한 설명으로 옳지 않은 것은?

구 분	보험계약사항	
계약자	홍길동(84xxxx-1xxxxx)	
피보험자	나예쁨(83xxxx-2xxxxx)	
계약기간	2023.1.1.~2084.12.31.(100세 건강보험)	
납입기간	30년	
납입주기	월 납	
보험료	70,000원	
만기·생존	홍길동(84xxxx-1xxxxx)	관계 : 본인
입원·기타	홍길동(84xxxx-1xxxxx)	관계 : 본인
사 망	나예쁨(83xxxx-2xxxxx)	관계 : 배우자

① 홍길동은 보험료로 매달 70,000원을 납부한다.

② 나예쁨은 배우자 사망 시 보험금을 받는 피보험자이다.

③ 만기·생존, 입원·기타 시에는 홍길동 본인이 보험금을 지급받는다.

④ 보험의 계약자는 홍길동이다.

⑤ 보험의 보장기간은 30년이다.

15 다음에 대한 설명으로 옳은 것은?

> 1986년 프랑스에서 처음 시작된 것으로 은행 등의 금융사가 보험회사의 대리점이나 중개인 자격으로 보험상품을 판매하는 제도이다. 넓은 의미에서는 보험회사와 은행 간의 전략적 제휴나 은행 내에 보험업을 하는 자회사를 소유하는 경우도 포함된다.

① 배드뱅크

② 변액보험

③ 저축성보험

④ 방카슈랑스

⑤ 어슈어뱅크

16 채권투자 시 유의해야 할 위험으로 옳지 않은 것은?

① 채권 발행 후 시장금리가 상승할 경우 손해를 볼 수 있다.
② 채권 발행기업의 신용점수가 하락하는 경우 채권의 가격도 낮아질 수 있다.
③ 채권 발행기업이 파산하는 경우 원금을 받기 어려울 수 있다.
④ 채권 발행기업의 경영 실적이 악화되면 이자를 받을 수 없다.
⑤ 인플레이션이 발생할 경우 실수익이 마이너스가 될 수 있다.

17 주식, 부동산, 채권을 투자의 3원칙으로 설명한 내용으로 옳지 않은 것은?

① 주식은 채권에 비해 수익성이 높다.
② 주식에 비해 부동산은 원금을 손해 볼 가능성이 높다.
③ 주식은 부동산에 비해 환금성이 높다.
④ 부동산과 채권은 상대적으로 주식에 비해 투자 위험도가 크지 않다.
⑤ 부동산은 수익성은 높으나 유동성이 낮다.

18 다음에서 만기 시 받는 원리금의 합계액에 대한 식으로 옳은 것은?

- 금융상품 : 예금
- 연이율 : 4%
- 원금 : 3,000,000원
- 만기 : 2년
- 6개월 단위 복리식 이자지급

① $3,000,000 \times (1 + 0.02)^4$
② $3,000,000 \times (1 + 0.02)^2$
③ $3,000,000 \times (0.1 + 0.4)^2$
④ $3,000,000 \times (1 + 0.04)^4$
⑤ $3,000,000 \times (1 + 0.04)^4$

19 간접투자상품 중 펀드투자에 대한 내용으로 옳은 것은?

① 즉각 환매가 가능하며, 환매 신청 시에는 펀드 수수료가 면제된다.

② 원금이 보장되어 손실을 걱정하지 않고 투자할 수 있다.

③ 적은 돈으로 다양한 종목에 분산하여 투자할 수 있다.

④ 지식과 경험이 풍부한 전문가가 손실에 대한 책임을 진다.

⑤ 고수익 펀드에 투자할 경우, 기대수익률은 낮지만, 손실 가능성도 낮다.

20 다음 저축상품에 대한 설명으로 옳은 것은?

> 거래대상, 예치금액, 예치기간, 입출금 횟수 등에 아무런 제한 없이 누구나 자유롭게 거래할 수 있는 예금이다. 수시로 입출금이 가능하여 현재 소유한 금전의 여유분이 조만간 필요할 때 저축이 가능하지만 이자율이 낮은 편이다.

① 보통예금

② 당좌예금

③ 가계당좌예금

④ 정기예금

⑤ 정기적금

21 대출 상환방식에 대한 설명으로 옳지 않은 것은?

① 원금균등분할상환은 대출 원금을 균등하게 분할해 만기까지 납부하는 형식이다.

② 원리금균등분할상환은 초기에는 이자 비중이 크지만 만기 시에는 원금 비중이 커진다.

③ 원리금균등분할상환은 대출 원리금을 균등하게 분할해 만기까지 동일한 금액을 납부한다.

④ 만기일시상환은 대출기간 동안 이자만 납부하다가 만기일에 원리금을 한 번에 상환해 총이자액이 가장 많다.

⑤ 거치식 상환은 일정기간(거치기간) 동안은 이자만 납입하는 방식으로 거치기간 동안 상환부담이 줄어든다.

22 다음 사례에서 빈칸에 들어갈 A설계사의 보험계약 위반 내용으로 옳은 것은?

> A설계사가 직업변경 통지의무에 대한 설명을 고객에게 하지 않아 보험사로부터 억대의 구상권 청구 소송에 휘말렸다. 20x9년 A설계사는 B고객에게 운전자보험을 판매했으며, B고객은 6개월 전 오토바이 운전 중 사고를 당해 한쪽 다리가 절단되는 장해를 입었다. 가입자에게는 운전자보험을 통해 약 2억원이 보험금으로 지급되었다. 하지만 A설계사는 고객에게 직업변경 등 통지의무 설명을 하지 않은 (   ) 이 인정되어 보험사로부터 지급보험금의 60%에 대한 구상권 청구 소송을 받게 되었다.

① 통지의무 위반
② 설명의무 위반
③ 가입의무 위반
④ 책임의무 위반
⑤ 고지의무 위반

23 다음은 금융상품을 유동성 순으로 나타낸 것이다. 다음 빈칸에 들어갈 금융상품으로 옳은 것은?

> 현 금 > (   ) > 정기적금 > 주 식 > 부동산

① 정기예금
② 당좌예금
③ 펀 드
④ 채 권
⑤ 대 출

24 다음 중 사후적 금융소비자 보호제도를 모두 고른 것은?

> ㄱ. 금융상품 약관   ㄴ. 영업행위준칙
> ㄷ. 금융민원 처리   ㄹ. 정보제공
> ㅁ. 금융분쟁조정제도   ㅂ. 금융교육
> ㅅ. 금융민원 상담

① ㄴ, ㄷ, ㄹ   ② ㄷ, ㅁ, ㅅ
③ ㄱ, ㄴ, ㄹ   ④ ㄴ, ㄹ, ㅂ
⑤ ㄴ, ㄷ, ㄹ, ㅁ

25 다음은 어느 가구의 자산과 부채 지표이다. 도표를 보고 가구의 재정상태를 설명한 내용으로 옳지 않은 것은?

(단위 : 만원)

자 산	집	70,000
	자동차	2,000
	가전제품	500
부 채	주택담보대출	30,000
연간 소득	아버지	7,000
	어머니	5,000
	자 녀	0
지 출	주거비	500
	식 비	1,000
	기 타	500

① 대출금은 가계 저축액의 3배에 달한다.
② 자녀는 현재 소득은 없이 지출만 있는 상태이다.
③ 가계가 보유한 자산대비 부채 비율은 50% 이상이다.
④ 연간 저축액은 1억원이다.
⑤ 가구의 총소득은 1억 2천만원이다.

01 대체재와 보완재 관계에 있는 재화를 올바르게 연결한 것은?

① 대체재 – 삼계탕과 추어탕, 보완재 – 버터와 마가린
② 대체재 – 휘발유와 자가용 이용, 보완재 – 영화관과 OTT
③ 대체재 – 삼계탕과 추어탕, 보완재 – 컴퓨터와 소프트웨어
④ 대체재 – 컴퓨터와 소프트웨어, 보완재 – 영화관과 OTT
⑤ 대체재 – 샤프심과 샤프펜슬, 보완재 – 휘발유와 자가용 이용

02 다음의 자료를 보고 실업률을 계산한 것으로 옳은 것은?(단, 소수점 둘째자리에서 반올림한다)

(단위 : 천명)

총인구	15세 이상 인구	취업자	실업자	단기근로자*
500	400	200	20	10

* 단기근로자는 정규직 직업을 구하려고 하는 단시간 근로자를 지칭한다.

① 90%   ② 9.1%
③ 55%   ④ 50%
⑤ 51%

03 다음의 설명에서 나타나는 경제적 개념으로 옳은 것은?

> 가격이 변할 때 수요량이 변하는 정도를 수치로 측정한 것이다. 예를 들어 제품에 따라 할인율을 달리 적용하는 경우를 들 수 있다.

① 외부성   ② 기회비용
③ 매몰비용   ④ 가격탄력성
⑤ 희소성

04 다음의 사례에서 나타나는 경제적 개념으로 옳은 것은?

> 양봉업자는 벌꿀을 생산하는 과정에서 근처 과수원의 과일 생산량 증대에 영향을 미치게 된다. 양봉장의 벌을 통해서 꽃의 수분 작용에 도움을 주게 되기 때문이다. 그러나 과수원의 주인이 그 대가를 양봉업자에게 지급하지는 않는다.

① 긍정적 외부성　　　　　　　　② 부정적 외부성
③ 매몰비용　　　　　　　　　　　④ 가격탄력성
⑤ 기회비용

05 정부가 소득세율을 낮추고 사회복지부문 지출을 늘렸을 때 나타날 수 있는 경제현상으로 옳지 않은 것은?

① 상품 소비가 늘어나 물가가 상승한다.
② 총수요의 증가로 실업률이 하락한다.
③ 공공저축이 감소해 이자율이 상승한다.
④ 국내총생산이 증가한다.
⑤ 정부의 재정건정성이 개선된다.

06 다음은 A국가와 B국가의 경제지표를 비교한 것이다. 이를 분석한 내용으로 옳은 것은?

구 분	경제성장률(%)	물가상승률(%)	1인당 GDP($)	실업률(%)
A국가	5	6	20,000	3
B국가	7	9	5,000	2

① A국가는 B국가보다 경제 규모가 4배 더 크다.
② A국가는 B국가보다 경제성장률이 높다.
③ B국가는 A국가보다 인플레이션 우려가 크다.
④ B국가는 A국가보다 평균 생활수준이 높다.
⑤ B국가는 적자재정을 편성할 가능성이 크다.

07 다음 중 역선택의 사례로 옳은 것은?

① 저품질의 중고차 거래시장
② 병원의 과잉진료
③ 고액의 연봉 협상 후 회사경영을 소홀히 하는 전문 경영인
④ 실업급여를 받은 것으로 구직활동이 아니라 해외여행을 간 실업자
⑤ 당선 후 자신의 개인적 이득에 도움이 되는 활동을 하는 정치인

08 다음에서 밑줄 친 내용에 대한 설명으로 옳지 않은 것은?

> 우리가 저녁식사를 할 수 있는 것은 정육점, 양조장, 빵집 주인의 자비심 덕분이 아니라 그들이 자기 이익을 중시하기 때문이다. 우리는 그들의 인도주의에 호소하는 것이 아니라 그들의 이기심에 호소한다. 즉, 각자가 개인의 이기심에 따라 자유로운 선택을 하면 시장은 '**보이지 않는 손(Invisible Hand)**'에 의해 사회적 이익을 극대화하고 경제발전에도 기여하게 된다.

① 시장가격이나 균형가격을 의미한다.
② 영국의 정치경제학자 애덤 스미스(Adam Smith)가 주장한 내용이다.
③ 경쟁시장에서 수요와 공급의 일치에 의해 형성된 가격이다.
④ 국가는 시장의 유익한 가격균형을 위해 개입한다.
⑤ 사회구성원에 무엇을 얼마나 사고팔지 맡겨두면 의도하지 않거나 계획하지 않아도 작용하게 된다고 보았다.

09 경기침체 시의 경제안정화정책으로 옳지 않은 것은?

① 경기를 안정화시키기 위해 통화량을 감소시킨다.
② 재할인율을 인하한다.
③ 중앙은행은 지급준비율 인하정책을 펼친다.
④ 정부는 투자 및 소비 지출을 늘린다.
⑤ 금리, 세율을 인하해 민간투자 · 소비를 증대시킨다.

10 쌀을 20kg 구매하려고 한다. 쌀을 판매하는 농산물시장이 완전경쟁시장이라고 가정하였을 때 가장 합리적인 선택을 한 것은?

① 인터넷으로 가격 비교를 한 후 구매한다.

② 현재 쌀 20kg의 농협 공시가격을 확인한다.

③ 가장 가까운 마트에서 구입한다.

④ 쌀을 많이 구매해본 경험자에게 물어본다.

⑤ 전통시장을 돌아다니며 쌀집에서 가격을 흥정한다.

11 국내총생산(GDP)에 포함되는 경우로 옳은 것은?

① 베트남 공장에서 생산된 우리나라 기업의 제품

② 국내의 농구리그에서 활동하는 외국 용병 선수

③ 국내생산을 위한 원자재 구입비 등 중간재

④ 3년 전에 생산된 중고자동차의 구입

⑤ 정부에서 지급하는 긴급재난지원금

12 인플레이션이 시장에 발생하는 경우 가장 큰 손해를 보는 사람으로 옳은 것은?

① 상품 재고가 쌓인 사업자

② 채무가 많은 채무자

③ 부동산을 많이 보유한 다주택자

④ 매월 봉급을 받는 근로자

⑤ 해외에 물건을 수입해서 파는 수입업자

13 다음 사례에서 ㉠, ㉡에 해당되는 소득은?

> A씨는 현재 회사원이지만 퇴근한 뒤에는 웹소설 작가로 활동하고 있다. 웹소설 판매 등으로 얻은 ㉠ **소득**으로 상가를 구입할 계획이며, 상가를 임대해 나오는 ㉡ **소득**으로는 나중에 요트를 구입할 생각이다.

	㉠	㉡
①	재산소득	사업소득
②	재산소득	이전소득
③	근로소득	재산소득
④	사업소득	근로소득
⑤	사업소득	재산소득

14 다음 글에서 설명하고 있는 개념으로 옳은 것은?

> 거래한 재화의 대가를 앞으로 치를 수 있음을 보이는 능력을 말한다. 외상값, 빚, 급부 등을 감당할 수 있는 지급능력으로 소유 재산의 화폐적 기능을 이른다.

① 금 융　　　　　　　　② 신 용
③ 부 채　　　　　　　　④ 자 산
⑤ 담 보

15 다음 글에서 ㉠, ㉡, ㉢의 대표적인 예시로 옳은 것은?

> 위험 분류 방법 중에 투자위험과 순수위험으로 나누는 방법이 있다. 투자위험은 손실과 이득이 공존하는 위험으로 주식, 부동산, 채권, 원자재 등 다양한 종류의 자산의 분배를 통해 이를 예방할 수 있다. 반면 순수위험은 손실만 발생하는 위험으로 ㉠ **인적위험**, ㉡ **재산위험**, ㉢ **배상책임위험**이 대표적이다. 순수위험에 대한 관리는 보험의 영역이다.

	㉠	㉡	㉢
①	화재보험	생명보험	여행자보험
②	여행자보험	화재보험	종신보험
③	종신보험	건강보험	생명보험
④	생명보험	화재보험	운전자보험
⑤	화재보험	종신보험	운전자보험

16 다음 사례에 나타난 축구장 유치로 인한 향후 경제적 효과로 옳은 것은?

> 전임 도지사 때부터 추진된 ○○FC의 전용경기장 건설 사업을 놓고 A시와 B시, C시가 막바지 유치 경쟁을 벌이고 있다. A시는 유치추진단을 꾸리고 지역유튜브 등 홍보에 나섰고, B시도 △△도 대표 도시로서 홈구장을 유치해야 한다고 주장하고 있다. C시도 시민 서명운동 등을 통해 유치전에 뛰어들었다. 어느 시에 설립되든지 축구장이 건설될 경우 주변 상권 매출이나 축구관람으로 인한 관광객 증가 등 지역 경제 활성화에 크게 기여할 것으로 기대된다.

① 풍선효과
② 외부효과
③ 낙수효과
④ 메기효과
⑤ 부메랑효과

17 공공재의 특성과 시장실패에 관한 설명으로 잘못 짝지어진 것은?

① 배제성 – 값을 치른 사람만이 물건을 소유하고 그 자신만이 이용 가능하다.
② 배제성 – 대가를 치르지 않은 사람의 소비를 배제할 수 있는 성질을 말한다.
③ 비배재성 – 공공재를 사용하는 대가를 치르지 않은 사람이라 하더라도 공공재의 소비에서 배제시킬 수 없다.
④ 경합성 – 한 소비자가 상품의 일정 물량을 소비하게 되면 다른 소비자는 소비하고 남은 물량만큼만 소비할 수 있다.
⑤ 비경합성 – 어떤 사람이 공공재를 소비한다면 다른 사람의 소비기회가 줄어든다.

18 다음 중 시장실패의 현상이 아닌 것은?

① 생산성이 낮은 직원에게 기업이 연봉인상률을 더 낮게 책정한다.
② 부동산업자들끼리 일정 금액 이하로 집을 팔지 않기로 담합한다.
③ 공장이 오염물질을 사회가 수용가능한 선보다 더 많이 배출한다.
④ 사회적으로 필요한 재화나 서비스가 과소생산된다.
⑤ 중고차시장에서 불량 중고차가 판매된다.

19 피자가 정상재이며, 치킨은 피자의 대체재, 맥주가 피자의 보완재라고 할 때 피자의 수요를 증가시키는 요인으로 옳은 것은?

① 맥주의 가격이 상승한다.
② 치킨의 가격이 하락한다.
③ 피자에 대한 마케팅 활동을 강화한다.
④ 맥주에 부과되는 주세가 인상된다.
⑤ 처분가능소득이 감소한다.

20 다음 총수요곡선에 대한 설명으로 옳지 않은 것은?

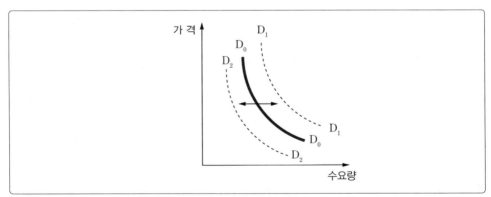

① 수요곡선은 D_2, D_0, D_1 모두 우하향하는 형태이다.
② 장래 경기에 대한 낙관적 전망으로 투자가 증대되는 경우 D_2로 변화한다.
③ 세금이 인하되면 D_0에서 D_1로 변화한다.
④ 국방비 증가 등 정부의 재정 지출이 증가하는 경우 D_1로 변화한다.
⑤ 원화가치가 하락하는 경우 D_1로 변화한다.

21 다음 현상이 일어나는 요인으로 옳은 것은?

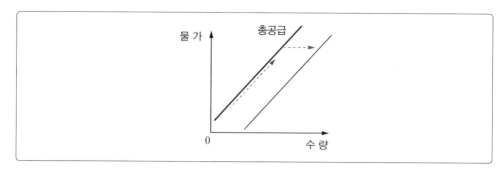

① 정부의 고속도로 건설
② 조세의 인상
③ 노동공급의 증가
④ 물가의 상승
⑤ 원화가치 하락

22 경기변동의 4국면에 대한 설명으로 옳지 않은 것은?

① 경기의 순환과정은 보통 저점에서 정점까지의 상승국면과 정점에서 저점까지의 하강국면으로 나뉜다.
② 상승국면은 회복기 · 확장기, 하강국면은 후퇴기 · 수축기로 나뉜다.
③ 확장기는 경기가 저점에서 다시 상승하는 시기로 금리가 낮고 투자와 소비가 늘어난다.
④ 수축기는 경기가 계속 하락하는 시기로 소비와 투자가 위축되고 경기가 침체된 상태이다.
⑤ 후퇴기에서는 금리가 높아 대출과 소비가 줄어들며, 고용과 소득도 줄어든다.

23 다음은 통계청 고용지표상 15세 이상 인구의 인구분류이다. 이에 대한 설명으로 옳지 않은 것은?

15세 이상 인구	노동가능인구	경제활동인구	취업자
			실업자
		비경제활동인구	
	생산가능인구		

① 노동가능인구는 경제활동인구와 비경제활동인구를 모두 포함한다.
② 주부, 학생, 취업(진학)준비자는 비경제활동인구이다.
③ 수입을 목적으로 1시간 이상 일한 자는 취업자에 속한다.
④ 경제활동인구는 취업자와 실업자를 합한 것이다.
⑤ 군인은 경제활동인구에 속한다.

24 스태그플레이션의 징후가 나타나려고 할 때, 그 대처 방안으로 옳지 않은 것은?

① 물가안정을 위해 중앙은행은 기준금리를 인상한다.

② 경기부양을 위해 정부는 소득세를 인하한다.

③ 경기부양을 위해 정부의 재정지출을 확대한다.

④ 물가안정을 위해 중앙은행은 금융자산을 매각한다.

⑤ 경기부양을 위해 정부는 국책사업 축소 등 시중 통화량을 줄인다.

25 다음 기사문에 나타난 환율 상승 요인으로 옳은 것은?(단, 기사문 외에 다른 조건은 없다)

> 원달러 환율이 개장과 동시에 전날보다 53.5원이 폭등한 1,500원으로 장을 시작했다. 환율이 1,500원까지 오른 것은 지난 20x8년 3월 이후 5년 8개월만에 처음이다. 이후 상승폭을 줄여 1,480원대 위에서 등락을 거듭하고 있다. 로이터통신은 투자자들이 GM, 포드, 크라이슬러 3사를 필두로 하는 자동차산업 구제책의 실효성에 의문을 품으며 시장에 불안감이 확산됐다고 보도했다. 미국 증시 역시 5년 만에 최저치다. 미 다우존스 산업지수는 8,000선이 무너지며 7,998.29로 장을 마감했다. 이는 전날에 비해 429.37포인트(5.07%) 폭락한 수치로 20x8년 이후 최저치를 기록했다.

① 외국인의 순매도 증가

② 국내 물가 상승의 가속화

③ 미국 소비자물가지수의 하락

④ 미국 증시 폭락

⑤ 외환당국의 시장개입

| **01** | 금 융 |

---

01 다음은 전자금융서비스를 나열한 것이다. 각 서비스와 그에 대한 설명이 옳지 않은 것은?

① 모바일뱅킹 – 본인의 스마트폰으로 금융업무를 처리할 수 있는 서비스이다.
② 텔레뱅킹 – 전화로 금융거래가 가능한 서비스이다.
③ 전자화폐 – 핀테크의 대표적 예로, 모바일 어플리케이션을 이용해 결제가 가능하다.
④ 현금자동인출기 – ATM 혹은 CD라고 불리는 오프라인 전자금융서비스이다.
⑤ 펌뱅킹 – 은행을 방문한 고객이 직원을 대면하지 않고 금융거래를 할 수 있는 서비스이다.

02 다음에서 설명하고 있는 것으로 옳은 것은?

> 전화나 인터넷 메신저 등을 통해 피해자를 협박하거나 회유하는 방법으로 이용자의 개인정보 혹은 금융정보를 빼내어 재산을 갈취하는 사기수법이다.

① 피 싱   ② 스미싱
③ 파 밍   ④ 해 킹
⑤ 정크본드

03 다음 중 신용점수 관리 방법으로 옳지 않은 것은?

① 본인의 신용상태를 주기적으로 점검한다.
② 자동이체 이용으로 각종 납부 요금을 연체하지 않는다.
③ 대부업 대출은 꼭 필요한 경우에만 신중하게 받는다.
④ 신용카드로 결제시 할부서비스를 적극 이용해 연체하지 않는다.
⑤ 대출을 받을 경우 상환계획을 철저하게 세운다.

04 다음 중 비소비지출에 해당하는 것은?

① 신용카드 사용료 결제일에 지불되는 금액
② 핸드폰 요금 결제일에 지불되는 금액
③ 후불교통카드 사용료 결제일에 지불되는 금액
④ 대출 이자 결제일에 지불되는 금액
⑤ 중고 물품 거래로 상대방에게 지불한 금액

05 다음 중 유동성이 가장 큰 자산으로 볼 수 있는 것은?

① 자기앞수표   ② 보통예금
③ 정기적금   ④ 토 지
⑤ 주 식

06 다음 중 주식과 채권의 특징을 비교한 것으로 옳지 않은 것은?

구 분	특 징	채 권	주 식
①	발행기관	정부 · 지자체 · 공공기관, 금융기관 및 주식회사	주식회사
②	자본성격	타인자본	자기자본
③	경영권 유무	없 음	있 음
④	이 익	시세차익 및 이자수익	시세차익 및 배당수익
⑤	만 기	없 음	있 음

07 다음 중 각 대출 종류에 대한 설명으로 옳지 않은 것은?

① 담보대출 – 신용대출보다 금액이 크고 장기간 사용 가능하다.
② 통장자동대출 – 마이너스 통장 형태의 대출이다.
③ 적금관계대출 – 적금 가입자에게 제공되는 대출이다.
④ 카드론 – 은행에 비해 대출금리는 높지만 취급 수수료가 없다.
⑤ 약관대출 – 만기환급형 저축성 보험을 담보로 하는 대출이다.

08 사회보험이란 위험에 대비하여 국가에서 제공하는 사회 보장 제도이다. 다음 중 사회보험의 기본원리에 해당하지 않는 것은?

① 기여분담의 원리
② 소득재분배의 원리
③ 자율성존중의 원리
④ 보편주의의 원리
⑤ 최저생활보장의 원리

09 다음 중 각 금융기관에 대한 설명으로 옳지 않은 것은?

구 분	금융기관	업 무
①	일반은행	예금과 대출 및 지급결제 업무
②	상호저축은행	특정 지역 서민과 소규모 기업을 대상으로 여신업무
③	신용협동조합	민간금융이 취약한 지역을 지원하기 위해 체신관서에 금융창구로 마련된 국영금융업무
④	증권금융회사	통화금융기관과 비통화금융기관 외 넓은 의미에서의 직간접적으로 자금을 원활히 중개하는 기능
⑤	금융투자회사	주식과 채권 등 유가증권과 장내·장외파생상품 등 금융투자상품의 거래와 관련된 업무

10 다음은 어느 국가의 18개월간 물가상승률을 그래프로 나타낸 것이다. 이와 같은 그래프에 대한 옳은 설명으로 가장 거리가 먼 것은?

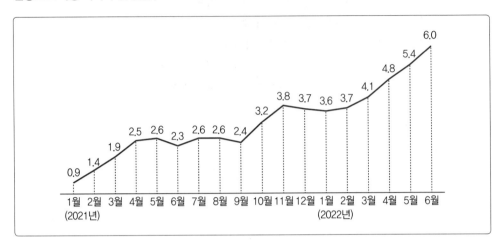

① 화폐가치가 떨어져 월급 근로자의 실질 소득은 감소했을 것이다.
② 대출을 받는 채무자의 입장에서는 이자 부담이 줄었을 것이다.
③ 저축에 대한 수요가 감소했을 것이다.
④ 소비를 줄이고 저축을 하려는 사람들이 늘어났을 것이다.
⑤ 대출을 받아 소비욕구를 충족시키는 것이 유리할 수 있다.

11 다음은 한 사람의 생애주기별 소득 및 지출을 나타낸 그래프다. 이에 대한 설명으로 옳지 않은 것은?

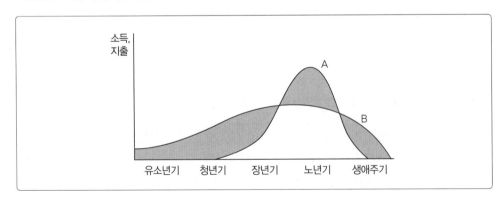

① A는 소득, B는 지출을 표현한 것이다.
② 청년기와 장년기에는 '0 < 소비성향'이다.
③ 노년기에 접어들면서 지출이 소득을 앞지르므로 장년기에 저축 등을 통해 미리 대비해야 한다.
④ 지출이 소득을 넘어섰으므로 안정적으로 지출에 대비했다고 볼 수 없다.
⑤ 노년기의 소비성향은 1이상이고 저축성향은 (-)이다.

12 다음은 소득의 종류에 따라 나눈 것이다. 각 ㉠, ㉡, ㉢, ㉣에 대한 설명으로 옳은 것은?

구 분		내 용
경상소득	㉠ **근로소득**	노동의 대가로 받은 봉급이나 임금
	㉡ **사업소득**	자신의 사업으로 얻은 소득
	재산소득	자신이 소유한 재산을 이용해 얻은 소득
	㉢ **이전소득**	생산에 직접 기여하지 않고 국가나 기업으로부터 받는 소득
㉣ **비경상소득**		일시적으로 발생한 임시 소득

① 명절을 맞아 회사에서 제공한 상여금은 ㉠에 포함되지 않는다.
② 야근 등으로 인한 추가 수당은 ㉠에 포함되지 않는다.
③ 포장마차 등 노점상으로 번 수입은 ㉡에 해당되지 않는다.
④ 국민연금은 사회보험의 일종으로 ㉢에 해당되지 않는다.
⑤ 보험금으로 생활하던 사람이 복권에 당첨되었다면, 보험금 ㉣에 해당하지 않는다.

13 다음 중 사회보험에 해당하지 않는 것은?

① 건강보험
② 국민연금
③ 산재보험
④ 손해보험
⑤ 고용보험

14 금리변화가 경제주체들에게 미치는 영향에 대해 잘못 이야기하고 있는 사람은?

① 영현 – 금리가 상승하면 기업에서 발행하는 채권 가격도 높아질 거야.
② 용호 – 금리가 하락하면 상품에 대한 수요가 늘어나고, 물가도 올라가니까 가계에서는 물건을 구매하기가 전보다 힘들어질 거야.
③ 서준 – 금리가 하락하면 비용 부담이 줄어드니까 기업들의 투자가 증가할 거야.
④ 미진 – 해외금리보다 국내금리가 높아지면 외국인들의 자금이 국내로 들어올 거야.
⑤ 선아 – 금리가 상승하면 가계에서는 소비를 줄이고 저축을 늘릴 거야.

15 다음 중 펀드에 대한 설명으로 옳지 않은 것은?

> 펀드란 전문가에게 대신 투자를 의뢰하는 간접투자방식을 말한다. ① 다수 투자자에게 신탁받은 자금을 전문 운용기관이나 주식 및 채권에 분산투자하고, ⓒ 거기에서 얻은 이익을 배분하는 투자상품이다. ⓒ 적은 돈으로도 투자가 가능하며, 전문가가 투자를 대신해 준다는 점이 장점이다. ② 원금보장형이 아니라도 펀드는 원금손실이 발생하지 않는다. ⑩ 해외펀드의 경우 국가리스크가 발생할 수 있다.

① ㉠   ② ㉡
③ ㉢   ④ ㉣
⑤ ㉤

16 다음 중 올바른 부채관리 방법과 가장 거리가 먼 것은?

① 평소 수입과 지출을 확인해서 본인의 생활수준으로 감당 가능한 정도의 대출을 받는다.
② 금리가 높은 대출은 신용도에 악영향을 주므로 단기에 갚을 수 없을 경우 새 대출을 받아 갚는다.
③ 여러 건의 대출이 있을 경우 이자율이 낮은 것부터 상환하는 것이 유리하다.
④ 대출금을 상환하기 위해 저축계획을 세운다.
⑤ 실적을 쌓기 위해 주거래 은행에 집중 거래한다.

17 다음 중 신용정보에 대한 설명으로 옳지 않은 것은?

① 성명, 주소, 전화번호도 신용정보에 해당된다.
② 백화점에서 고객카드를 신청할 때 사용한다.
③ 통신사에서 휴대전화 발급 여부 등을 심사할 때 사용한다.
④ 결혼정보회사에서 등록하는 회원 또는 상대방의 신용을 확인한다.
⑤ 높은 수준의 소득이나 재산을 가진 경우 신용등급은 하락하지 않는다.

18 한 국가의 가계부채비율이 1년 이상 꾸준히 상승해 왔다. 그 원인을 예상한 설명으로 가장 거리가 먼 것은?

① 가계 소득이 감소했기 때문이다.

② 경기불황으로 실업률이 높아졌기 때문이다.

③ 전셋값이 상승했기 때문이다.

④ 처분가능소득이 감소해 소비가 위축되었기 때문이다.

⑤ 가계에서 과도한 신용카드 및 대출 이용을 했기 때문이다.

19 다음 중 각 채무조정제도에 대한 설명으로 옳지 않은 것은?

① 국민행복기금 – 연체 고객을 위한 채무조정 지원 프로그램을 운영한다.

② 신용회복위원회 개인워크아웃 – 신용카드 및 대출금 채무 감면을 돕는다.

③ 신용회복위원회 프리워크아웃 – 신속채무조정이라고도 하며, 채무상환 유예 등을 돕는다.

④ 법원 개인회생 – 파탄에 직면한 채무자의 효율적 회생과 채권자의 이익을 도모한다.

⑤ 법원 개인파산 – 파산선고를 내린 후 면책신청이 받아들여지면 빚에서 벗어난다.

20 다음 중 투자상품의 하나인 주식에 대한 설명으로 가장 거리가 먼 것은?

① 주주는 회사가 청산될 경우 남은 재산에 대해 분배받을 권리를 갖는다.

② 출자한 회사가 파산하여 갚아야 할 부채가 지분 이상이 되더라도 주주는 공동 책임을 져야 한다.

③ 주식은 보통주와 우선주로 나뉜다. 우선주주는 보통주주가 가진 의결권이 포함되지 않는다.

④ 주주는 총회에서 주요 안건에 대한 의결에 지분 수에 비례하여 참여할 권리를 갖는다.

⑤ 주가가 상승하면 시세차익을 얻을 수도 있다.

21 이자란 자금을 빌리거나 빌려줄 때 지불하거나 그 대가로 받는 금액을 말한다. 이자에 대한 옳은 설명을 모두 고른 것은?

> ㉠ 이자는 현재의 소비를 미래로 미루는 기회비용이다.
> ㉡ 돈을 빌리는 기간에 따라 이자율이 달라진다.
> ㉢ 사람에 따라 이자율이 달라진다.
> ㉣ 돈을 빌리려는 사람이 많으면 이자율이 떨어진다.

① ㉠, ㉡   ② ㉠, ㉢
③ ㉡, ㉣   ④ ㉢, ㉣
⑤ ㉠, ㉡, ㉢

22 다음에서 설명하고 있는 용어로 옳은 것은?

> 은행에서 대규모로 예금인출이 일어나는 사태를 말한다. 은행에 돈을 맡겨둔 사람들이 은행의 건전성에 문제가 있다고 생각하거나 부실 등을 우려할 경우 일어나는 현상. 이러한 경우 은행은 돌려줄 돈이 바닥나게 되는 현상이 벌어진다.

① 리딩뱅크   ② 배드뱅크
③ 뱅크런   ④ 뱅크사인
⑤ 클린뱅크

23 금융회사가 파산 등의 사유로 예금 등을 지급할 수 없는 경우, 예금자보호법에 따라 예금자는 1인당 원리금 합계를 최고 5,000만원으로 보장받을 수 있다. 다음 중 예금자 보호대상에 해당하는 금융회사와 금융상품이 올바르게 짝지어진 것은?

① 은행 – 뮤추얼 펀드
② 보험회사 – 법인보험계약
③ 투자매매업자 · 투자중개업자 – 증권사발행채권
④ 종합금융회사 – 어음관리계좌(CMA)
⑤ 상호저축은행 – 후순위채권

24 다음은 재무설계 과정을 단계별로 나눈 것이다. 순서를 올바르게 나열한 것은?

단 계	재무설계 과정
㉠	행동 계획 수립 (필요 자금을 어떻게, 언제까지 마련할지 준비 계획, 자원이 부족할 경우 목표 수정)
㉡	주기적 검토 및 평가 (실행 후 계획에 따라 실행되었는지 분석하고 결과 평가)
㉢	목표 설정 (구체적인 장 · 단기 자금 목표를 설정)
㉣	행동 계획 실행 (계획 실제 실행)
㉤	재무 상태 분석 (재무 상태를 스스로 분석, 이용 가능한 자원 파악)

① ㉠ - ㉤ - ㉢ - ㉣ - ㉡
② ㉤ - ㉠ - ㉢ - ㉣ - ㉡
③ ㉢ - ㉤ - ㉠ - ㉣ - ㉡
④ ㉢ - ㉠ - ㉣ - ㉡ - ㉤
⑤ ㉤ - ㉢ - ㉠ - ㉣ - ㉡

25 다음 중 양도성예금증서(CD ; Certificate of Deposit)에 대한 옳은 설명을 모두 고른 것은?

> ㄱ. 금융시장에서 자유롭게 매매 가능하다.
> ㄴ. 통장 예금자의 이름이 정확해야만 양도 가능하다.
> ㄷ. 증권회사에 판매한 경우, 증권회사가 이를 재판매하는 것은 불가능하다.
> ㄹ. 중도해지는 불가능하다.

① ㄱ, ㄹ 　　　　　　　② ㄴ, ㄷ
③ ㄴ, ㄹ 　　　　　　　④ ㄱ, ㄴ, ㄷ
⑤ ㄱ, ㄷ, ㄹ

01 다음 중 소비자물가지수에 대한 설명으로 옳지 않은 것은?

① 각 가정에서 구입하는 상품과 서비스의 가격 변동을 종합 측정하기 위한 지수이다.

② 소비자 관점에서 상품 및 서비스 가격 변동을 측정한다.

③ 중앙은행이 통화정책을 설정할 때 기초 데이터가 된다.

④ 실제 수치가 예상치보다 낮은 경우 화폐가치 및 전망이 긍정적이라는 뜻이다.

⑤ 구매 동향 및 인플레이션의 변동을 측정하는 방법이다.

02 다음은 경제활동의 주체 A, B, C를 비교한 것이다. 각 경제활동 주체에 대한 사항으로 옳지 않은 것은?

구 분	A	B	C
특 징	B에게 노동, 토지, 자본 등 생산요소를 제공한다.	A에게 임금, 지대, 이자를 제공하고, C에게 세금을 납부한다.	A와 B로부터 제공받는 세금을 바탕으로 공공재를 제공한다.
①	소비의 주체	생산의 주체	재정의 주체
②	사경제		공경제
③	국민경제		
④	만족의 극대화를 추구한다.	이윤의 극대화를 추구한다.	사회 전체 후생의 극대화를 추구한다.
⑤	저축을 하고 이자를 받는다.	사회적 책임 활동은 하지 않는다.	국방을 유지한다.

03 다음 ㉠, ㉡, ㉢, ㉣에 들어갈 내용으로 옳은 것은?

구 분	재화시장의 종류			
	완전경쟁시장	독점적경쟁시장	과점시장	독점시장
생산자 수	다 수	다 수	소 수	1
재화품질	㉠	이질적	동질적이거나 이질적	동질적
진입장벽	없 음	없거나 낮음	높 음	매우 높음
시장지배력 (가격결정력)	없음 (가격수용)	적음 (가격결정)	㉣	매우 큼 (가격결정)
특 징	• 소비자가 재화에 대해 완전한 정보를 가짐 • 초과이윤 없음	• 재화의 질적 차별화로 시장지배력 행사 • 소비자의 다양한 선호 충족 • 단기에만 초과이윤 있음	• 기업들의 상호의존적 의사결정 • 기업들 간 담합 유인 존재, 이를 규제하기 위한 제도 존재	• 이윤을 늘리기 위한 가격 차별전략 존재
예	㉡	㉢	냉장고, 승용차 등	전기, 수도, 담배, 철도 등

① ㉠ 동질적 – ㉡ 과일, 쌀, 채소
② ㉠ 이질적 – ㉢ 병원, 음식점, 양장점
③ ㉡ 병원, 음식점, 양장점 – ㉢ 과일, 쌀, 채소
④ ㉡ 과일, 쌀, 채소 – ㉣ 없음
⑤ ㉢ 과일, 쌀, 채소 – ㉣ 적지만 있음

04 다음은 수요 공급 법칙하의 볼펜의 시장 수요량과 공급량이다. ㉠ 볼펜 시장의 균형가격과, 만일 ㉡ 공급자가 수요량만큼 공급량을 모두 채울 수 있다고 가정했을 때 가장 많은 수의 볼펜을 팔 수 있는 시장가격은?

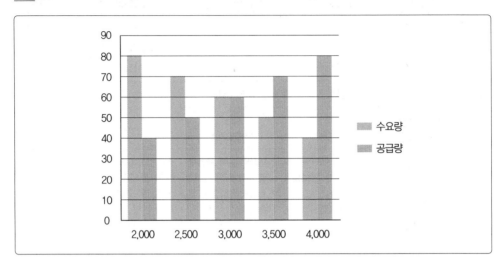

	㉠	㉡
①	2,500원	4,000원
②	3,000원	2,000원
③	3,000원	4,000원
④	2,000원	3,000원
⑤	3,000원	3,000원

05 다음 A와 B의 대화에 대한 분석 중 옳은 것은?

> A : B야, 오늘 저녁에 뭐 하니?
> B : 공연 보러 가. 비싸서 포기했던 티켓을 반값 할인하기에 ㉠ 30,000원에 샀거든.
> A : 너한테 아르바이트 대타 좀 부탁하려고 했는데….
> B : 이 티켓은 환불이나 재판매도 안 되는데…. ㉡ 공연 보러 갈지 아르바이트 할지 고민되네. 시급이 얼만데?
> A : ㉢ 시급은 10,000원이고, 아르바이트 시간은 5시간이야.

① 공연을 관람하는 선택의 편익이 ㉢보다 적더라도 공연을 선택하는 것이 합리적이다.
② ㉡을 결정하는 데 있어 ㉠은 매몰비용이다.
③ ㉢은 B가 아르바이트를 하기로 결정할 경우의 기회비용이다.
④ ㉢은 B가 공연을 관람하기로 결정할 경우의 명시적비용이다.
⑤ B가 공연 티켓을 구입할 때 판단한 공연 관람의 편익은 60,000원보다 크다.

06 한 프랜차이즈 커피전문점의 커피는 수요의 가격탄력성이 큰 것으로 조사되었다. 이때 해당 커피전문점 본사에서 기업의 수익을 증가시키기 위해 할 선택에 가장 가까운 것은?

① 더 새롭고 다양한 메뉴를 개발한다.
② TV나 라디오 등 광고 노출을 늘린다.
③ 인기 메뉴가 무엇인지 파악하고 해당 메뉴에 주력한다.
④ 전체 제품의 가격을 높인다.
⑤ 전제 제품의 가격을 낮춘다.

07 다음은 A, 그리고 A와 함께 살고 있는 가족들이 한 달간 벌어들인 소득을 표로 정리한 것이다. 이중 경상소득은 얼마인가?

할아버지	국민연금 노령연금 50만원
할머니	부동산 임대료 500만원
아버지	퇴직금 2,000만원
어머니	인터넷몰 사업 수입 300만원
A	회사 월급 200만원
동 생	복권당첨금 10만원

① 500만 원
② 1,000만 원
③ 1,050만 원
④ 1,060만 원
⑤ 2,010만 원

08 총수요란 한 국가 내에서 생산된 재화와 서비스에 대한 수요를 모두 더한 것이다. 총수요에서 수입은 (−) 요인이다. 이때 빈칸에 들어갈 요소로 알맞은 것은?

총수요 = 가계소비 + 기업투자 + ⬚ + 수출 − 수입

① 가계소득
② 가계부채
③ 정부지출
④ 정부수입
⑤ 정부부채

09 다음 중 인플레이션의 발생원인으로 옳지 않은 것은?

① 가계소비, 기업투자, 정부지출, 수출 등 총수요가 증대되면서 발생한다.
② 원자재 비용이 상승하고 임금이 상승해 생산비가 증가한다.
③ 이자율이 하락하면서 기업의 투자가 줄어든다.
④ 통화량이 증가하고 시중에 돈이 풍부해지며 이자율이 하락한다.
⑤ 기업들은 제품 가격을 인상시키고, 이는 다시 기업의 생산을 위축시킨다.

10 다음은 서로 다른 경제체제 A, B, C를 표현한 것이다. 이에 대한 설명으로 옳지 않은 것은?

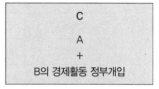

① A의 경우 경제주체들은 자유로운 경쟁을 통해 효율적 생산을 추구한다.
② A의 경우 개인과 기업은 각자의 능력에 따라 보상을 받는다.
③ B의 경우 국가의 정책 목표를 우선시할 수 있다.
④ B의 경우 개개인의 생산 동기가 강력하다.
⑤ C의 경우 정부가 특정 산업에 과도한 세금을 부과할 수 있다.

11 경상수지란 재화나 서비스를 외국과 서로 사고판 결과의 종합을 말한다. 다음 중 경상수지에 대한 설명으로 옳지 않은 것은?

① 경상수지는 상품수지, 서비스수지, 소득수지, 경상이전수지 등으로 나뉜다.
② 상품수지란 물건을 수출하거나 수입한 내역을 말한다.
③ 서비스수지란 외국과의 서비스 거래를 통한 수입과 지출의 수지차를 말한다.
④ 소득수지란 외국인 노동자, 또는 내국인 해외 근로자와 관련되어 발생하는 수입과 지출의 수지차를 말한다.
⑤ 경상이전수지란 외국인의 국내 주식·채권 매입 등에 따라 발생하는 자본의 유출입차를 말한다.

12 다음 조세제도들의 공통적인 목적으로 옳은 것은?

> • 누진세 　　　　　　　　　　　• 특별소비세
> • 상속세 　　　　　　　　　　　• 증여세

① 물가를 안정시킨다.
② 정부의 재정을 안정시킨다.
③ 소득을 공평하게 분배한다.
④ 생산 효율성을 높인다.
⑤ 소비를 촉진한다.

13 효용이란 재화나 서비스를 소비할 때 느끼는 만족감을 말한다. 다음 중 효용에 대한 설명으로 옳지 않은 것은?

① 한계효용이란 어떤 상품에 대한 소비량을 1단위 늘렸을 때 증가하는 효용을 말한다.
② 한계효용체증이란 한계효용이 증가하는 경우를 말한다.
③ 한계효용체감이란 한계효용이 감소하는 경우를 말한다.
④ 한계효용불변이란 한계효용이 일정한 경우를 말한다.
⑤ 일반적으로 어떤 상품에 대한 소비량이 늘어남에 따라 한계효용이 증가한다.

14 우리나라의 외환시장 환율이 A, B와 같이 변동했을 시 그 원인에 대한 설명으로 옳은 것은?

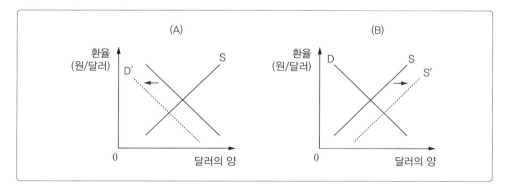

① A의 경우 수출이 감소했을 것이다.
② B의 경우 해외 투자가 감소했을 것이다.
③ B의 경우 국내 이자율이 상승했을 것이다.
④ A의 경우 외국인의 국내 투자가 감소했을 것이다.
⑤ B의 경우 외국인의 국내 투자가 증가했을 것이다.

15 총수요보다 총공급이 더 높은 경제 상황에 대한 설명으로 옳지 않은 것은?

① 기업은 생산량을 늘린다.

② 실업률이 증가한다.

③ 재고가 쌓이게 된다.

④ 물가가 하락한다.

⑤ 경기 침체에 접어들게 된다.

16 다음 중 변동환율제도에 대한 설명을 모두 고른 것은?

> ㉠ 다양한 정책목적을 달성하는 데 그 수단으로 금융정책을 활용하는 것이 가능하다.
> ㉡ 재정정책을 팽창적으로 펼쳐 소득수준 향상이 가능하다.
> ㉢ 물가, 소득, 고용 면에서 불안정을 초래할 수 있다.
> ㉣ 환율이 극심하게 변동하므로 국제무역에 대한 확실성이 떨어진다.

① ㉠, ㉡   ② ㉠, ㉢

③ ㉠, ㉣   ④ ㉡, ㉢

⑤ ㉢, ㉣

17 다음 중 시장에서의 가격이 갖는 역할로 옳은 설명을 모두 고른 것은?

> ㉠ 가격을 통해 상품의 정보가 전달된다.
> ㉡ 소비 유인을 제공하는 역할을 한다.
> ㉢ 자체적으로 경제를 안정시킨다.
> ㉣ 자원이 분배되는 효과가 있다.

① ㉠, ㉡   ② ㉠, ㉢

③ ㉡, ㉣   ④ ㉠, ㉡, ㉣

⑤ ㉡, ㉢, ㉣

18 다음은 오직 쌀만 생산하는 A국가의 상황을 표로 정리한 것이다. 이 국가의 2022년도 명목 GDP와 실질 GDP로 옳은 것은?(단, 물가기준연도는 2016년이다)

구 분		A국가
가격	2016년	톤당 50만원
	2022년	톤당 60만원
2022년 쌀 생산량		160톤

	명목 GDP	실질 GDP
①	3,200만원	1,600만원
②	9,600만원	1,600만원
③	8,000만원	9,600만원
④	9,600만원	8,000만원
⑤	8,000만원	1억 7,600만원

19 다음 중 인플레이션이 발생했을시 가장 손해를 보는 경우로 옳은 것은?

① 해외에서 많은 물건을 수입하는 사람
② 사업용 상품 재고량이 많은 사람
③ 현금 보유량이 많은 사람
④ 채무 보유량이 많은 사람
⑤ 부동산 보유량이 많은 사람

20 다음은 질문에 따라 재화 A, B를 구분한 것이다. 이에 대한 설명으로 옳은 것은?

구 분	A	B
비용 미지불시 소비 배제 가능	아니오	예
경제주체의 소비가 다른 경제주체의 소비 기회를 감소시키는지 여부	아니오	예

① A는 무임 승차자 문제가 발생한다.
② A의 사례로 유료 고속도로를 들 수 있다.
③ B의 사례로 국방 서비스를 들 수 있다.
④ A와 달리 B는 시장실패가 나타난다.
⑤ B와 달리 A는 기업이 생산하는 것이 효율적이다.

21 다음 중 시장실패의 사례를 모두 고른 것은?

> ㉠ 독과점시장의 발생
> ㉡ 긍정적외부효과의 발생
> ㉢ 누진세의 도입
> ㉣ 공공재 생산의 부족

① ㉠, ㉡　　　　　　　　　　　　② ㉠, ㉣
③ ㉡, ㉢　　　　　　　　　　　　④ ㉠, ㉡, ㉣
⑤ ㉠, ㉢, ㉣

22 다음 A와 B에 대한 설명으로 옳지 않은 것은?

> • A국가에는 길거리에 쓰레기통이 아주 부족하다. 그러나 쓰레기통 설치에 드는 비용을 내려는 이가 아무도 없다. 길거리에는 쓰레기가 넘쳐나고 행인들이 불편을 호소하고 있다.
> • B국가에서는 한 개의 회사가 국가 안의 모든 자전거를 공급하고 있다. 해당 회사가 가격을 올리고 생산량을 줄였고, 소비자들은 해당 비용을 지불할 수밖에 없는 상황이다.

① A의 경우 사회적 합의 과정을 거쳐 해결할 수 있다.
② A의 경우 무임승차의 문제가 발생할 수 있다.
③ A의 경우 보조금을 지급하면 민간기업에서도 해결 가능하다.
④ B의 경우 자원 배분은 효율적으로 이루어진다.
⑤ B의 경우에서 기업이 직면하는 수요곡선은 곧 시장의 수요곡선이다.

23 마케팅 믹스란 마케팅 목표와 대상에 맞게 마케팅 수단을 결합하는 전략을 말한다. 이때 기업이 마케팅 목표 고객층을 만족시키려 사용하는 4가지 마케팅 전략으로 옳지 않은 것은?

① 촉진(Promotion)　　　　　　　② 유통(Place)
③ 위치(Position)　　　　　　　　④ 가격(Price)
⑤ 제품(Product)

24 다음 중 유동성함정에 대한 옳은 설명을 모두 고른 것은?

> ⊙ 이 상태에서는 구축효과가 발생하지 않는다.
> ⓒ 기업은 투자를 미루게 된다.
> ⓒ 이와 같은 상황에서는 디플레이션의 가능성이 낮아진다.
> ⓔ 사람들은 현금보유량을 늘리려 한다.

① ⊙, ⓒ   ② ⓒ, ⓒ

③ ⓒ, ⓔ   ④ ⊙, ⓒ, ⓔ

⑤ ⓒ, ⓒ, ⓔ

25 아래는 보스턴컨설팅그룹(BCG)이 개발한 BCG 매트릭스이다. X축과 Y축이 나타내는 개념을 올바르게 짝지은 것은?

① X – 수익률 / Y – 시장성장률
② X – 수익률 / Y – 해당산업 경쟁정도
③ X – 시장성장률 / Y – 시장점유율
④ X – 시장점유율 / Y – 수익률
⑤ X – 시장점유율 / Y – 시장성장률

01 금 융

1	2	3	4	5	6	7	8	9	10
③	①	⑤	②	②	③	②	④	③	③
11	**12**	**13**	**14**	**15**	**16**	**17**	**18**	**19**	**20**
③	⑤	④	⑤	④	④	②	①	③	①
21	**22**	**23**	**24**	**25**					
⑤	②	②	②	③					

01 정답 ③

A금융시장은 직접금융시장이고 B금융시장은 간접금융시장이다. 직접금융시장에서는 금융기관을 거치지 않고 자금의 수요자(일반적으로 기업)가 거래하는 주식, 회사채 등을 자금의 공급자가 직접 매수하여 거래한다.

02 정답 ①

① 신용카드는 당장 고객의 계좌에 지불에 필요한 현금이 없더라도 결제일까지 카드발행회사로부터 신용을 제공받아서 재화나 서비스를 구입할 수 있고 경우에 따라서는 할부도 가능하다.
② 직불카드는 ATM에서 사용하거나 별도의 직불카드 가맹점에서만 사용가능하다.
③ 직불카드는 은행의 예금계좌 내의 현금을 ATM 등에서 찾아서 사용한다.
④ 체크카드는 계좌의 금액을 즉시에 사용해 연체 위험이 없어 안전하다.
⑤ 선불카드는 일정액의 현금을 미리 충전 또는 구입하는 방식의 카드이다.

03 정답 ⑤

스미싱(Smishing)은 인터넷주소(URL)가 포함된 문자메시지를 통해 이용자가 악성앱을 설치하거나 전화를 하도록 유도해 개인정보를 탈취하는 수법이다. 따라서 발신자가 불분명한 URL은 아예 클릭하지 않는 것이 재산상의 피해를 줄일 수 있는 방법이다.

04 정답 ②

투자의 3원칙

- 수익성 : 투자한 금융 자산으로부터 얻는 이익 또는 투자 시 수익률에 대한 기대 가능한 정도를 말한다.
- 안정성 : 투자 위험도가 얼마나 큰지, 자신이 투자한 금융 자산의 가치가 안전하게 보호될 수 있는지를 판단하는 정도를 말한다.
- 유동성(환금성) : 보유하고 있는 자산을 현금으로 쉽게 바꿀 수 있는지를 의미한다.
- 투자의 3원칙을 주식, 부동산, 채권의 관점에서 보면 다음과 같다.

구 분	수익성	안정성	유동성
주 식	높 음	낮 음	높 음
부동산	높 음	높 음	낮 음
채 권	낮 음	높 음	높 음

05 정답 ②

A텔레콤의 전일 종가의 등락은 +500원이므로 전일 종가는 16,300원이다.

06 정답 ③

신용등급이 773에서 850점으로 77점이 상승한 경우로 우량에 해당하는 신용등급으로 볼 수 있다. 이는 오랜 신용거래 경력을 보유하고 있으며 다양하고 우량한 신용거래 실적을 보유하였거나, 활발한 신용거래 실적은 없으나 꾸준하고 우량한 거래를 지속한다면 상위등급 진입 가능한 경우로써, 앞으로 제1금융권에서 대출을 받기 쉬워질 것으로 추측할 수 있다.

07 정답 ②

소득의 종류

구 분		내 용
경상소득	근로소득	• 노동의 대가로 받은 봉급이나 임금으로 세금을 공제하기 전 총액을 통틀어 말한다. 예 급여, 상여금, 각종 수당
	사업소득	• 자신의 사업으로 얻은 소득을 말한다. 예 자신이 회사, 가게, 농사 등을 운영해서 얻는 수익
	재산소득	• 자신이 소유하고 있는 재산을 이용해서 얻은 소득을 말한다. 예 예적금 이자, 부동산 임대료, 배당금 등
	이전소득	• 생산에 직접 기여하지 않고 나라나 기업으로부터 받는 돈 예 보험료 지급, 국민연금, 생활보조금 등
비경상소득		• 일시적으로 발생한 임시 소득 예 퇴직금, 복권당첨금, 유산상속 등

08 정답 ④

단리는 일정 시기의 원금에만 약정한 이율을 적용하여 이자를 계산하는 방법이다. 원금에만 이자가 발생한다는 가정하에 단리의 원리금 계산은 다음과 같다.

$$단리의\ 원리금 = 원금 \times (1 + 이자율 \times 기간)$$

따라서 매년 100만원의 10%인 10만원씩 이자가 붙어 3년 후에 원리금은 130만원이 된다.

09 정답 ③

대출금리가 일반적으로 예금금리보다 높다. 은행의 입장에서는 대출금리란 돈을 돌려받지 못할 가능성(손해)을 염두에 두어 예금금리에 이익을 더해 대출금리를 산정하기 때문이다. 반면, 예금금리가 높고 낮은 것은 예금의 종류나 가입기간 등 돈의 수요에 따라 달라진다.

10 정답 ③

- 투자자 A : 보수적 투자 성향으로 포트폴리오 2가 채권 투자의 비중이 높아 상대적으로 수익률과 리스크가 낮아 원금 손실을 최소화할 수 있다.
- 투자자 B : 공격적 투자 성향으로 포트폴리오 1 또는 포트폴리오 3이 주식의 비중이 더 크므로 원금 손실의 리스크도 높지만 그만큼 수익률을 더 많이 가져갈 수 있다.

11 정답 ③

③ 포트폴리오는 투자위험을 줄이기 위해 다양한 상품에 분산투자를 한다는 개념으로, 간접투자방식은 포트폴리오를 통한 분산투자효과로 인해 위험관리가 체계적이다.
① 간접투자방식은 펀드 등 증권회사 등에 가입해 투자전문가에게 돈의 운용을 맡기는 투자방식이다.
② 원금보장형이 아닌 경우라면 펀드는 원금 손실이 발생할 수 있다. 또 지급 불능이 된 경우에도 예금보호대상이 되지 않는다.
④ 인덱스펀드는 지수에 투자하는 펀드로 지수에 연동되어 수익률이 제공되는 간접투자방식에 해당된다.
⑤ 주식은 대표적인 직접투자상품으로 주주는 주식 보유수에 따라 회사의 순이익과 순자산에 대한 지분청구권을 갖는다.

12 정답 ⑤

가처분소득은 총소득에서 비소비지출(세금과 이자 등)을 제외하고 개인이 쓸 수 있는 모든 소득을 말한다. 따라서 총수입 4,000만원에서 비소비지출 500만원을 제외한 3,500만원이 된다.

13 정답 ④

한국은행

우리나라의 중앙은행으로 효율적인 통화신용정책의 수립과 집행을 통해 물가안정을 도모함으로써 나라경제의 건전한 발전에 이바지하고자 설립되었다. 기준금리(정책금리)가 적정한 수준에 머물도록 다양한 정책수단을 통해 통화신용정책을 수립·집행한다. 또한 금융회사에 대한 대출업무를 수행하는 은행의 은행이며, 세금 등 정부의 자금을 국고금으로 취급한다. 예금과 대출업무를 수행하는 것은 일반은행의 역할이다.

14 정답 ⑤

보험의 납부기간이 30년이고, 보장기한은 100세 종신보험으로 2084년까지이다.

15 정답 ④

방카슈랑스(Bancassurance)는 프랑스어 은행(Banque)과 보험(Assurance)의 합성어로, 은행과 보험회사가 협력하여 보험상품을 판매하는 등 종합금융서비스를 제공하는 것을 말한다. 어슈어뱅크(assurbank)는 방카슈랑스의 반대 개념으로 보험회사가 은행을 자회사로 두는 개념이다.

16 정답 ④

기업이 파산하지 않는 한 채권 발행기업의 경영 실적과 상관없이, 채권 약정 당시의 원금과 이자는 약정한 시기에 받을 수 있다.

채권투자 시 유의해야 할 위험

• 채무불이행 : 기업이 파산하는 등 원금을 받게 되지 못하는 상황이 생길 수 있다.
• 인플레이션 : 채권 상환 기간은 긴 편이기 때문에 인플레이션이 생길 경우 물가 상승 대비 이자수익이 고정되어 실수익이 마이너스가 될 수 있다.
• 시장금리(이자율) : 이자금액은 변동되지 않기 때문에 시장금리가 상승할 경우 채권금리는 상대적으로 낮아져 손해를 보게 된다.

17 정답 ②

부동산은 주식에 비해 안정성이 높다. 부동산 가격이 하락하는 경우, 부동산 역시 원금 손실의 우려가 있으나 비교적 주식에 비해서는 원금 손실이 낮다고 본다.

주식, 부동산, 채권의 투자의 3원칙

구 분	수익성	안정성	유동성
주 식	높 음	낮 음	높 음
부동산	높 음	높 음	낮 음
채 권	낮 음	높 음	높 음

18 정답 ①

복리의 계산

> $$복리의 이자 = 원금 \times (1 + 이자율)^{기간} - 원금$$
> $$복리의 원리금 = 원금 \times (1 + 이자율)^{기간}$$

원리금 합계는 '원금 + 만기 시 이자'로 구할 수 있다. 여기서 원금은 3,000,000으로 제시되어 있으며, 이자의 계산은 '원금 × (1 + 이자율)^{기간} – 원금'으로 구한다. 연 이자율은 4%고 이자는 6개월 단위 복리식 이자이므로 이자율은 2%를 적용한다. 또한 기간 역시 2년을 6개월로 나눈 4로 값을 적용해야 한다. 따라서 원리금 합계에 대한 식은 '3,000,000 × (1 + 0.02)^4'이 된다.

19 정답 ③

③ 분산투자된 금융상품을 펀드로 일부 구매하기 때문에 적은 금액으로도 투자할 수 있다.
① 펀드는 환매 신청을 해도 현금화까지 시간이 걸리며, 펀드 수수료가 발생한다.
② 원금보장형이 아닌 경우라면 펀드는 원금 손실이 발생할 수 있다.
④ 지식과 경험이 풍부한 전문가에게 대신 투자를 의뢰하는 간접투자방식으로 이익은 투자자들의 투자지분에 따라 배분된다.
⑤ 고수익 펀드에 투자할 경우에는 기대수익률이 높지만, 그만큼 손실 가능성도 높아진다.

20 정답 ①

② 당좌예금 : 당좌수표 또는 약속어음을 발행하여 수시로 입출금을 하는 요구불예금이다.
③ 가계당좌예금 : 금융기관이 정하는 일정 자격을 갖춘 개인 또는 개인 사업자가 자격조건이 되며, 개설보증금이 필요 없다.
④ 정기예금 : 예금자가 원리금과 예금이자를 받을 목적으로 일정 기간을 정하여 금액을 한꺼번에 맡기고 높은 금리를 적용받는 예금이다.
⑤ 정기적금 : 미래에 목돈을 마련하기 위해서 매달 소득의 일부를 절약하여 정기적으로 저축하고 만기 시에 계약금액을 지급하는 방식이다.

21 정답 ⑤

대출 상환방식

구 분	원금균등분할상환	원리금균등분할상환	만기일시상환	거치식 상환
장 점	• 이자비용이 저렴 • 시간 흐름에 따라 상환금액 감소	• 상환금액이 일정하여 계획적인 자금운영 가능 • 소득과 지출이 일정한 정액소득자에게 적절	• 초기 상환부담 없음 • 수익성 있는 투자에 유리(만기일까지 수익올릴 수 있음)	• 소득이 적거나 원리금 균등상환이 곤란할 때 편리 • 주택담보대출처럼 대출금액이 큰 경우에 사용
단 점	• 초기 상환부담이 큼 • 매월 갚아야 할 금액이 다름	• 초기상환부담이 상환방식 중 가장 큼	• 이자가 높음 • 만기 일시상환의 부담이 큼	• 이자가 높음 • 거치기간 동안 원금이 그대로라 상환부담이 줄지 않음

22 정답 ②

보험 가입자는 보험계약 전에 고지했던 중요한 사항이 변경되는 경우에는 변경된 정보를 보험회사에 통지해야 한다. 이를 위반하게 되면 계약해지는 물론 면책도 될 수 있는데, 보험설계사는 고객의 통지의무에 대한 설명의무를 지고 있다. A설계사는 B고객에게 직업변경 등 통지의무를 설명하지 않았으므로 '설명의무 위반' 사례라고 할 수 있다.

23 정답 ②

'현금 > 당좌예금 > 정기적금 > 주식 > 부동산' 순으로 유동성이 높다. 유동성은 자산을 현금으로 전환할 수 있는 정도를 말하며, 가장 일반적으로 현금이 환금수단이 된다. 현금화가 쉬울 경우 유동성이 높으며, 반대로 현금화가 어려울 경우 유동성이 낮다고 표현한다. 당좌예금은 바로 인출하여 사용할 수 있기 때문에 현금 다음으로 유동성이 높다.

24 정답 ②

사전 · 사후적 금융소비자 보호

사전적 금융소비자 보호	사후적 금융소비자 보호
• 금융상품 약관 • 영업행위준칙 • 정보제공 • 금융교육	• 금융민원 상담 • 금융민원 처리 • 금융분쟁조정제도

25 정답 ③

가구가 보유한 자산은 7억 2천 5백만원이며, 부채는 3억원이므로 부채비율은 41.4%이다.

1	2	3	4	5	6	7	8	9	10
③	②	④	①	⑤	③	①	④	①	③
11	**12**	**13**	**14**	**15**	**16**	**17**	**18**	**19**	**20**
②	④	⑤	②	④	②	⑤	①	③	②
21	**22**	**23**	**24**	**25**					
③	③	⑤	⑤	④					

---

01 정답 ③

대체재	한 재화의 가격이 상승(하락)할 때 다른 재화의 수요량이 증가(감소)하는 재화이다. 예 삼계탕과 추어탕, 버터와 마가린, 영화관과 OTT
보완재	한 재화의 가격이 상승(하락)할 때 다른 재화의 수요량이 감소(증가)하는 재화이다. 예 컴퓨터와 소프트웨어, 샤프심과 샤프펜슬, 휘발유와 자가용 이용

---

02 정답 ②

- 실업률(%) = (실업자/경제활동인구) × 100
- {(20천명/(200천명 + 20천명))} × 100

   = 20/220 × 100 = 9.09.........%

∴ 9.1%

---

03 정답 ④

가격탄력성이란 제품가격이 변화할 때 그 수요량이 변하는 정도를 수치(비율)로 측정한 것이다. 예를 들어 제품 가격이 10% 인상되었는데, 판매량은 20%만큼 감소하였다면 가격탄력성은 2가 된다. 이때 가격탄력성이 1보다 크면 탄력적, 1보다 작으면 비탄력적이라고 한다.

---

04 정답 ①

긍정적 외부성은 시장거래와 상관없이 경제주체의 생산 또는 소비활동이 다른 사람에게 편익을 가져다주는 경우를 말한다. 과수원 주인 입장에서 과일 생산에 긍정적 효과를 주므로 생산의 긍정적 외부성에 해당한다.

---

05 정답 ⑤

현재 정부는 세금을 줄이고 정부지출을 늘리는 경기부양정책을 펼치고 있으므로 경기침체에서 벗어나기 위한 정부의 방안으로 볼수 있다. 정부가 지출을 너무 많이 늘리면 재정건전성이 악화될 우려가 있다.

06 정답 ③

③ B국가는 A국가에 비해 물가상승률이 높고, 실업률은 낮으므로 현재 A국가보다 인플레이션 우려가 크다.
① A국가는 B국가보다 1인당 GDP가 4배 더 크다.
② A국가는 B국가보다 경제성장률이 낮다.
④ A국가는 B국가보다 1인당 GDP가 크므로 평균 생활수준이 높다고 추측할 수 있다.
⑤ B국가는 인플레이션 발생 우려가 있어 적자재정을 편성할 가능성이 적다.

07 정답 ①

역선택

정보의 불균형으로 인해 불리한 의사결정을 하는 상황으로 대리인에 대한 정보 부족으로 그 능력보다 많은 임금을 지급하거나 능력이 부족한 대리인을 선택하게 된다(감추어진 특성으로 인해 발생). 거래 계약이 이루어지기 전에 상대적으로 정보가 없는 쪽이 바람직하지 않은 상대와 거래할 가능성이 크게 된다. 예를 들어 신용도가 낮은 사람이 고금리로 대출을 빌리는 경우, 불확실한 정보상황으로 인한 중고차 거래 시장을 역선택의 대표적인 상황으로 본다.

08 정답 ④

애덤 스미스(Adam Smith)는 국부론에서 자유방임주의 경제 체제에서 국가(야경국가)는 시장의 흐름에 개입하지 않는 대신 시장은 '보이지 않는 손'(=가격)에 의해 자동으로 효율성을 유지하게 된다고 주장하였다. 또한 정부의 시장 개입은 시장의 효율성을 저해한다고 보았다.

09 정답 ①

경기가 호황일 때 경기를 안정화시키기 위해 통화량을 감소시킨다. 경기침체 시에는 확장정책을 펼치게 되는데, 경기를 부양하기 위해 통화량을 확대해야 한다.

10 정답 ③

완전경쟁시장은 상품의 질이 동질적이어야 한다는 일물일가의 법칙이 존재한다. 따라서 가장 가까운 곳에서 구입하는 것이 가장 합리적인 선택이다. 실제로는 일물일가라는 제한 조건을 충족하기 어렵기 때문에 현실에서 예시로 찾기 어렵다.

11 정답 ②

국내총생산(GDP)의 개념

국내총생산(GDP)이란 한 나라 안에서 일정 기간(보통 1년) 동안 생산된 모든 재화와 서비스의 시장가치를 화폐 단위로 환산하여 더한 값이다. 경제주체의 국적에 상관없이 그 나라 안에서 생산된 재화와 서비스의 시장 가치를 합산한 것이다. 즉, 국내에 거주하는 외국인의 소득도 GDP에 포함된다.

구 분	GDP 포함	GDP 미포함
한 국가의 국경 내	외국 모델이 국내에서 활동하는 경우 (우리나라 GDP에 계산)	삼성이 중국 공장에서 생산한 것 (중국의 GDP에 계산)
일정 기간 생산	당해 중고차 딜러가 창출한 매매 수수료	3년 전에 생산된 자동차를 올해 중고차로 구입 (이미 3년 전 GDP에 계산)
최종재	최종 생산된 붕어빵의 가치	밀가루, 단팥, 붕어빵 틀 등 중간재
재화 · 서비스	유형의 재화(자동차) 또는 무형의 서비스(금융)	정부가 저소득 계층에게 주는 지원금, 설날 세뱃돈 등
시장가치	시장에서 거래된 가격	지하경제, 주부의 가사노동

12 정답 ④

인플레이션이 발생하면 땅이나 건물, 재고 상품과 같은 실물가격이 물가와 함께 상승하여 실물자산을 가지고 있는 사람에게 유리하다. 주택이나 건물을 가지고 있지 않은 서민들이나 임금노동자들은 실질소득이 감소(화폐가치 하락)하게 된다.

13 정답 ⑤

㉠ 사업소득 : 자신의 사업으로 얻은 소득을 말한다.
　예 자신이 회사, 가게, 농사 등을 운영해서 얻는 수익
㉡ 재산소득 : 자신이 소유하고 있는 재산을 이용해서 얻은 소득을 말한다.
　예 적금 이자, 부동산 임대료, 배당금 등

14 정답 ②

신용이란 거래한 재화를 일정기간이 지난 후 상환할 수 있는 지급능력을 말한다. 일반신용정보는 개인이나 법인이 금융기관과 대출, 신용카드 개설 · 할부금융 등의 금융거래를 할 때 신용정보주체의 신용도 및 신용거래 능력 등을 판단하는 데 필요한 정보로서 신용거래정보, 신용도판단정보 등을 판단하는 데 필요한 정보이다.

15 정답 ④

순수위험은 위험 중 손해가능성만 존재하는 것으로 보험은 순수위험에 해당된다.
• 인적위험 관련 보험 : 개인의 신체와 관련된 것으로 생명보험, 건강보험, 종신보험 등이 있다.
• 재산위험 관련 보험 : 재산상의 손실을 방지하는 보험으로 화재보험, 여행자보험 등이 있다.
• 배상책임위험 관련 보험 : 타인의 재산이나 신체의 손해를 입힌 경우 배상하는 것으로 운전자보험 등이 있다.

16 정답 ②

축구장이 유치될 경우 지역 경제 활성화에 도움을 주기 때문에 경제활동이 시장거래에 의하지 않고도 생활에 직간접적으로 영향을 미친다고 할 수 있다. 즉, 의도하지 않은 편익을 주고 있으므로 외부효과(외부성) 중 긍정적 외부효과(외부경제)에 해당된다.

17 정답 ⑤

공공재는 모든 사람들이 공동으로 이용할 수 있는 재화 또는 서비스로 재화 또는 서비스에 대한 대가를 치르지 않더라도 소비 혜택에서 배제할 수 없다. 여기서 비경합성이란 누군가가 어떤 재화나 서비스를 소비한다고 해서 다른 사람이 해당 재화나 서비스를 소비할 기회에 전혀 영향을 주지 않는 공공재 속성을 의미한다.

18 정답 ①

생산성에 따라 차등분배하는 것은 시장원리에 따른 자원분배에 해당되며, 시장실패의 현상이라고 보기 어렵다.

19 정답 ③

정상재는 가격이 내리거나 소득이 증가하면 수요가 증가하고, 반대로 가격이 오르거나 소득이 감소하면 수요가 감소하는 재화이다. 따라서 피자의 마케팅 활동이 활성화되면 그만큼 수요가 증가할 것으로 추측할 수 있다.

20 정답 ②

장래 경기에 대한 낙관적 전망으로 투자가 증대되는 경우 총수요곡선은 우측으로 이동해 D_1로 변화한다.

21 정답 ③

노동공급이 증가하는 경우는 요소가격(임금, 국제원유가)이 변동되는 것으로 총공급곡선이 우측으로 이동하는 요인이 된다.

22 정답 ③

확장기는 경기가 계속 상승하는 시기로 투자와 생산 · 소비가 늘어나며, 물가와 금리는 상승한다.

23 정답 ⑤

군인 · 교도소 재소자 등은 생산가능 연령인 15세 이상 인구이지만 노동력을 제공할 수 없기 때문에 이들은 노동가능인구에서 제외된다.

24 정답 ⑤

스태그플레이션(Stagflation)

경기침체를 뜻하는 스태그네이션(Stagnation)과 인플레이션(Inflation)의 합성어로, 경제침체의 상황에서 물가 상승이 동시에 발생하고 있는 상태를 일컫는다. 즉, 저성장·고물가 상태로 불황기에도 물가가 지속적으로 상승하는 경향을 말한다. 대표적으로 1970년대의 석유파동 사태가 해당한다. 그 대처방안으로는 중앙은행의 경우 물가안정을 위해 기준금리를 인상하고, 금융자산을 매각하여 시중의 통화량을 줄인다(총수요 감소). 정부의 경우 경기부양을 위해 법인세, 소득세를 인하하고 재정지출을 확대해 시중의 통화량을 늘린다(총수요 증대).

25 정답 ④

외환시장에서 달러당 환율은 미국의 시장상황 등 달러의 수급 조건에 따라 변화한다. 기사문을 통해 미국 증시가 폭락하자 환율이 오름세를 보이는 것으로 추측할 수 있다.

01 │ 금융

1	2	3	4	5	6	7	8	9	10
⑤	①	④	④	②	⑤	④	③	③	④
11	**12**	**13**	**14**	**15**	**16**	**17**	**18**	**19**	**20**
④	⑤	④	①	④	③	⑤	④	③	②
21	**22**	**23**	**24**	**25**					
⑤	③	④	③	①					

01 정답 ⑤

펌뱅킹이란 은행에서 전용 통신 회선이나 우회망을 이용해 은행과 각 기업의 전산망을 연결하여, 기업의 모든 은행거래를 사무실 컴퓨터 단말기로 처리할 수 있게 하는 서비스를 말한다.

02 정답 ①

피싱이란 '개인정보(Private Data)'와 '낚시(Fishing)'를 합성한 신조어로, 각종 정보통신 수단을 통하여 개인정보나 금융정보를 빼내어 재산을 갈취하는 사기수법을 말한다. 대표적으로 보이스피싱의 경우 전화를 이용해 주로 검찰이나 경찰, 금융회사를 사칭하거나 가족 및 친인척을 사칭하는 방식으로 이루어진다.

03 정답 ④

신용카드 이용시 할부거래가 무조건 나쁜 것은 아니다. 그러나 할부거래 횟수가 많아질수록 카드대금 액수가 늘어나게 되고, 카드대금은 빚으로 산정되기 때문에 신용점수가 하락할 가능성이 높아지는 것이다.

04 정답 ④

비소비지출이란 소비와 직접 연관성이 없는 지출, 즉 소득세, 재산세 등 세금과 4대 보험료 등 사회보장비, 대출 이자 등을 말한다.

05 정답 ②

유동성이란 보유하고 있는 자산을 얼마나 쉽게 현금으로 바꿀 수 있는지를 의미한다. 화폐가 가장 유동성이 높은 자산이며, 그다음으로 당좌예금 등 요구불예금, 정기예금과 같은 저축성예금이 있다. 처분하는 데까지 시간과 노력이 많이 들수록 유동성이 낮고, 미술품과 부동산 등이 유동성이 낮은 자산이다.

06 정답 ⑤

주식투자는 기업의 주식을 매수하여 주주가 되는 것이고, 반면 채권투자는 기업 및 기관에 대출을 제공하고 채권자가 되는 것이다. 주식투자 주식은 만기가 없는 영구증권이며, 반면 채권은 만기가 존재하는 기한부증권이다.

07 정답 ④

카드론은 신용카드 회사에서 고객의 사용 실적을 바탕으로 한도 및 금리를 정해 제공하는 대출로, 은행에 비해 대출금리가 높고 취급 수수료가 별도로 부과된다.

08 정답 ③

사회보험의 종류로는 국민연금, 건강보험, 고용보험, 산재보험이 있으며 이를 '4대 보험'이라 한다. 노인 장기 요양보험도 있다. 이들 사회보험은 최저생활수준 보장을 원칙으로 하며, 급여 지급시 소득에 상관없이 필요에 따라 급여를 지급하므로 재분배효과가 있고, 전국민을 대상으로 보편적 혜택을 제공하며, 기여금은 고용주와 피고용주 및 국가가 함께 분담한다.

09 정답 ③

신용협동조합은 조합원에 대한 저축편의 제공과 대출을 통한 상호간의 공동이익을 추구하는 업무를 수행하는 곳이다. ③번 '업무'란에서 설명하고 있는 것은 우체국예금이다. 우체국예금은 전국의 체신관서를 금융창구로 활용하는 국영금융업무이다.

10 정답 ④

물가가 지속적으로 상승하는 인플레이션이 발생하면 화폐가치가 하락한다. 이와 같은 경우 저축에 대한 수요는 감소하고 대출은 증가한다. 인플레이션이 발생하면 저축 시의 이자금액이 예금자를 충족시키기 어려우므로, 대출원금과 대출이자의 화폐가치가 함께 떨어졌음을 고려해 대출을 받으려는 경향이 커진다.

11 정답 ④

생애주기별로 기대할 수 있는 소득의 양은 변한다. 그러므로 저축이나 대출로 대비하고, 시기별로 알맞은 지출을 해야 함을 알 수 있다.

12 정답 ⑤

① · ② 근로소득이란 노동의 대가로 받은 봉급이나 임금으로, 상여금이나 각종 수당을 모두 포함한다.
③ 사업소득이란 자신의 사업, 즉 회사, 가게, 농사 등을 운영해서 얻는 소득을 말한다.
④ 이전소득이란 생산에 직접 기여하지 않고 나라나 기업으로부터 받는 돈을 말한다. 보험금, 국민연금, 생활보조금 등이 이에 해당한다.

13 정답 ④

사회보험은 국가에서 제공하는 위험 대비용 사회 보장 제도이다. 반면에 민영보험은 개인이나 기업이 위험에 대비하여 자유롭게 가입하는 보험 상품이다. 사회보험으로는 국민연금, 건강보험, 고용보험, 산재보험이 있다. 손해보험은 민영보험에 속한다.

14 정답 ①

① 금리가 상승하면 채권의 가격은 낮아진다.
② 금리 하락은 기업 투자 및 개인소비를 증가시킨다. 이에 따라 상품에 대한 수요가 증가해 물가가 상승한다. 물가가 상승하면 실질소득이 감소하고, 소비자의 구매력은 떨어지게 된다.
③ 금리 하락으로 투자에 대한 비용부담이 감소, 투자를 늘리게 된다.
④ 외국금리보다 국내금리가 높아질 경우, 외국인 투자자들은 우리나라에서 더 많은 이익을 얻을 수 있다.
⑤ 금리가 상승하면 같은 금액을 맡겨도 금융기관으로부터 더 많은 이자를 받을 수 있다.

15 정답 ④

펀드투자시 유의하여야 할 사항으로는 원금손실 가능성, 분산투자, 계약조건 확인, 위험성 확인이 있다. 원금보장형이 아닌 경우라면 펀드는 원금손실이 발생할 수 있다. 또한 지급 불능이 된 경우에도 예금보호대상이 되지 않는다.

16 정답 ③

여러 건의 대출이 있을 때는 이자율이 높은 것부터 상환해야 한다. 하지만 대출금액 차가 클 경우에는 금액이 적은 것을 우선적으로 갚을 수도 있다.

17 정답 ⑤

개인의 각종 신용정보가 종합되어 신용점수가 산정되는 것이지만, 많은 소득과 재산만으로 신용등급을 파악할 수는 없다. 또한 소득과 재산의 양과 상관없이, 신용정보와 거래정보에 따라 신용등급은 하락할 수 있다.

18 정답 ④

처분가능소득이란, 비소비지출을 공제하고 남는 소득을 말한다. 즉, 자유롭게 소비하고 지출할 수 있는 소득이다. 가계부채비율 상승은 처분가능소득을 감소시키고 소비를 위축시킨다. 그러므로 ④를 가계부채비율의 원인이 된 현상으로 보기는 어렵다.

19 정답 ③

신속채무조정이라 일컫는 것은 신용회복위원회의 '연체 전 채무조정'이다. 프리워크아웃은 '이자율 채무조정'이라고도 하며, 신용카드대금이나 대출금 상환 부담이 큰 경우 이자율 인하 및 상환기간 연장을 통해 안정적 채무상환을 돕는다.

20 정답 ②

주주의 유한책임원칙에 따라, 출자한 자본액의 한도 내에서만 권리와 책임을 지게 된다. 만약 출자한 회사가 파산하여 갚아야 할 부채가 주주 지분 이상이 되더라도 주주는 지분가치를 초과한 부채에 대해서는 책임을 지지 않는다.

21 정답 ⑤

이자는 현재의 소비를 미래로 미루는 데 대한 기회비용이다. 이자도 일종의 상품이므로 수요공급의 법칙에 따라 이자율이 정해진다. 돈을 빌리고자 하는 사람이 많으면 이자율이 오르고, 돈을 빌리고자 하는 사람이 적으면 이자율이 떨어진다. 돈을 빌리고자 하는 사람과 빌려주고자 하는 사람의 수가 같을 때 이자율이 정해진다.

22 정답 ③

뱅크런이란 은행이 예금을 지급하지 못할 것을 우려해 고객들이 예금을 대규모로 인출하는 것을 말한다.

23 정답 ④

금융회사가 영업정지나 파산 등으로 고객예금을 지급하지 못하게 될 경우 가계 금융생활을 넘어 국가 전체 금융제도의 안정성도 타격을 입는다. 이와 같은 사태를 방지하고자 우리나라에서는 예금자보호법을 제정하여 예금자들의 예금을 보호하는 제도를 갖추어놓은 것이다.

이러한 예금자보호제도의 보호대상 금융상품으로는 은행에는 요구불예금, 적립식예금, 퇴직연금 등이 있고, 보험회사의 개인 보험계약 및 퇴직보험계약 등, 투자매매업자·투자중개업자의 증권저축 등, 종합금융회사의 발행어음 및 CMA 등, 상호저축은행의 보통예금 및 저축예금 등이 있다.

24 정답 ③

올바른 재무설계 과정은 다음과 같다. 첫 번째로 목표를 설정한다. 두 번째, 재무 상태를 분석한다. 세 번째, 행동 계획을 수립하고, 네 번째로 행동 계획을 실행에 옮긴다. 마지막으로는 규칙적으로 검토하고 결과를 평가한다.

25 정답 ①

양도성예금증서란 은행이 양도성을 부여하여 발행하는 정기예금을 말한다. 예금자는 이것을 금융시장에서 자유롭게 매매할 수 있다. 예금통장과는 다르게 통장에 이름을 쓰지 않으며, 중도해지가 불가능하지만 양도가 자유롭기 때문에 유동성이 높다. 또한 예금자는 만기일 전에도 은행이나 증권회사, 종합금융회사 등에 판매할 수 있다. 증권회사 등도 매입한 양도성예금증서를 일반고객에게 재판매할 수 있다.

1	2	3	4	5	6	7	8	9	10
④	⑤	①	②	②	⑤	③	③	③	④
11	12	13	14	15	16	17	18	19	20
⑤	③	⑤	⑤	①	③	④	④	③	①
21	22	23	24	25					
④	④	③	④	⑤					

01 정답 ④

소비자물가지수(CPI ; Consumer Price Index)의 실제 수치는 예상치보다 높은 경우 화폐가치 및 전망이 긍정적이라는 뜻이다.

02 정답 ⑤

A는 가계, B는 기업, C는 정부이다. 기업은 취약계층에 일자리 및 사회복지 서비스를 제공하며, 수익의 일부를 사회적 목적에 재투자하고, 지역공동체에 기부하는 등의 사회적 책임 활동을 할 수 있다. 이러한 활동으로 만들어진 긍정적인 이미지가 매출 향상에 기여하기도 한다.

03 정답 ①

㉠ 동질적
㉡ 과일, 쌀, 채소 등
㉢ 병원, 음식점, 양장점 등
㉣ 적 음

04 정답 ②

㉠ 균형가격이란 '수요자 지불 의사 가격 = 공급자 생산 의사 가격'이 성립하는 가격을 말한다.
㉡ 공급자가 수요량을 모두 충족시킬 수 있다고 가정했을 때, 가장 큰 수요량은 80개다. 이때 가격은 2,000원이다.

05 정답 ②

① 공연을 관람하는 선택의 편익이 ㉢보다 클 때, 공연을 선택하는 것이 합리적이다.
③ · ④ ㉢은 B가 공연을 관람하기로 결정할 경우의 기회비용(암묵적비용)이다.
⑤ B는 공연 티켓값으로 60,000원을 지불하지 않았다. 그러므로 공연 관람 편익은 그보다 크지 않다.

06 정답 ⑤

가격탄력성이란 가격이 변할 때 수요량이 변하는 정도를 말한다. 수요가 탄력적이라면 가격이 상승할 때 수요가 감소하고, 가격이 하락할 때 수요가 증가한다. 따라서 가격탄력성이 높은 상품의 수익 증가를 위해서는 가격을 낮추는 것이 유리하다.

07 정답 ③

경상소득은 비교적 오랫동안 정기적으로 들어오는 소득을 말하고, 비경상소득은 일시적으로 발생한 임시 소득을 말한다. A 가족의 한 달 소득 중 경상소득에 해당되는 것은 노령연금(할아버지), 부동산 임대료(할머니), 사업 수입(어머니), 회사 월급(A)이다. 퇴직금(아버지)과 복권당첨금(동생)은 비경상소득에 해당한다.

08 정답 ③

가계가 쓰고자 하는 소비지출, 기업이 쓰려고 하는 투자지출, 정부가 쓰려고 하는 정부지출, 외국에서 쓰려고 하는 수출을 모두 더하면 총수요가 된다. 총수요는 물가가 상승하면 감소한다. 반대로 물가가 하락하면 총수요는 증가한다.

09 정답 ③

인플레이션의 발생원인으로는 크게 총수요의 증가와 총공급의 감소가 있다. 이자율이 하락하면 가계소비, 기업투자, 정부지출, 수출 등 총수요가 증대되는 상황에서 통화량이 증가하고, 이자율이 하락한다. 이자율이 하락하면 기업의 투자 및 가계가 할부로 구입하는 내구재 소비 등이 늘어나게 된다.

10 정답 ④

A는 시장경제, B는 계획경제, C는 시장경제 체제를 바탕으로 한 혼합경제 체제이다. 계획경제체제의 경우 국가 정책 목표를 우선시할 수 있고 자원을 고르게 분배해 형평성을 실현할 수 있다는 장점이 있지만, 개개인의 생산동기가 부족하여 경제의 효율성이 낮아질 수 있다는 단점이 있다.

11 정답 ⑤

경상수지란 재화나 서비스를 외국과 서로 사고판 결과의 종합을 말하는 것으로, 상품수지, 서비스수지, 소득수지, 경상이전수지 등으로 나뉜다. 그중 경상이전수지란 해외에 거주 중인 교포로부터 송금된 자본, 해외 단체(종교기관, 자선단체)로부터 오는 기부금 등, 정부 간에 이루어지는 무상원조 등을 말하는 것이다. ⑤는 자본수지에 대한 설명이다.

12 정답 ③

누진세란 재산 및 소득이 많을수록 더 높은 세율을 적용하는 조세제도이며, 특별소비세는 주로 고소득층이 사용하는 상품에 대한 세금, 상속세는 부모가 사망했을 시 자녀에게로 이전되는 재산에 대한 세금, 증여세는 무상이전되는 재산에 대한 세금을 말한다. 이는 모두 소득 재분배를 통해 국민의 소득을 공평하게 분배하고자 하는 조세제도이다.

13 정답 ⑤

일반적으로 어떤 상품이나 서비스에 대한 소비량이 증가하면, 그에 대한 필요도는 더 작아지고, 만족도 또한 작아질 것이다. 그러므로 한계효용은 감소하게 된다.

14 정답 ⑤

외환 시장에서의 공급 증가 요인으로는 수출 증가, 국내 이자율 상승, 외국인의 국내 투자 증가 등이 있다. 또한 수요 감소 요인으로는 수입 감소, 해외 투자 감소 등이 있다.

15 정답 ①

총수요보다 총공급이 높아지게 되면 재고가 쌓이고, 물가가 떨어지며 기업은 생산량을 감소시킨다. 그로 인하여 실업률은 증가하고, 경기가 침체에 접어들게 된다.

16 정답 ③

환율제도로는 고정환율제도와 변동환율제도가 있다. 고정환율제도는 정부와 중앙은행이 환율을 일정수준으로 유지하는 제도이다. 변동환율제도는 환율이 외환시장의 수급에 의하여 결정되는 제도로, 현재 대부분의 국가에서 채택하고 있다. ⓛ, ⓒ은 고정환율제도에 대한 설명이다.

17 정답 ④

시장에서의 가격은 경제질서를 유지하고, 경제활동을 하는 데 지표가 되며, 시장정보를 제공해주고, 상품을 배급하는 역할을 한다.

18 정답 ④

GDP 계산 방법은 '재화 및 서비스 생산량 × 물가'이다. 이때 재화 및 서비스의 수량에 변화가 없고 물가만 상승하더라도 GDP는 상승한다. 물가가 상승한 부분을 제외시키고 GDP를 계산하기 위해 물가기준연도를 고정시키고 계산하는 것을 실질 GDP라고 부른다. A국가의 명목 GDP는 '160톤 × 60만원 = 9,600만원'이며, 실질 GDP는 '160톤 × 50만원 = 8,000만원'이다.

19 정답 ③

인플레이션 발생시 현금을 많이 가진 사람은 불리해진다. 나머지 실물자산을 가진 사람들의 경우 유리해진다.

20 정답 ①

A는 공공재로서 비용을 지불하지 않은 사람도 소비를 할 수 있고, 한 사람이 소비하더라도 다른 사람의 소비 기회가 감소하지 않는 재화이다. B는 위와 같은 공공재의 특성을 갖지 않는 재화이다.

21 정답 ④

시장실패란 가격에 의해 자원이 효율적으로 배분되지 못한 상태를 말한다. 재화와 서비스는 시장에서 소비자들이 원하는 것보다 적게 생산되기도 하고, 반대로 더 많이 생산되기도 한다. 긍정적외부효과 역시 의도하지 않은 편익과 대가성이 없이 발생한 시장실패의 한 종류이다. ⓒ의 누진세는 소득이나 재산 등의 과세표준이 증가하면 그에 따라 평균세율이 증가하는 조세방법을 뜻한다.

22 정답 ④

A는 공공재의 부족, B는 독점시장 상황을 말한다. 자원 배분의 비효율성은 독점시장의 근본적인 문제점이다.

23 정답 ③

마케팅 믹스란 마케팅 목표와 대상에 맞게 마케팅 수단을 결합하는 전략을 말한다. 미국의 에드먼드 제롬 매카시 교수에 의해 소개된 용어로, 기업은 마케팅 목표 고객층을 만족시키려 크게 4가지 마케팅 전략을 사용한다. 제품(Product), 가격(Price), 유통(Place), 촉진(Promotion)이 그것이며 이를 4P라 일컫는다.

24 정답 ④

유동성함정이란 통화정책으로 인하여 발생하는 현상으로, 기준금리를 인하하고 통화를 아무리 공급해도 경기가 회복되지 않는 상태를 말한다. 이자율을 낮추고 유동성을 공급하여 사람들의 소비와 기업의 투자를 촉진하고자 하지만, 사람들은 현금보유량을 늘리려 하고 기업은 투자를 미룬다. 이러한 현상이 지속되면 디플레이션의 가능성이 높아진다.

25 정답 ⑤

BCG 매트릭스란 보스턴컨설팅그룹이 개발한 기업의 경영 전략평가 기법이다. 이에 따르면 기업은 사업전략을 세울 때 시장점유율과 사업성장률을 고려한다. BCG 매트릭스는 X축에 시장점유율을, Y축에 시장성장률을 놓고 두 요소를 기준으로 기업들의 사업을 네 가지로 분류한다.

좋은 책을 만드는 길, 독자님과 함께하겠습니다.

· ·

2024 틴매경TEST 한권으로 끝내기

개정1판2쇄 발행	2024년 05월 10일 (인쇄 2024년 04월 02일)
초 판 발 행	2023년 01월 05일 (인쇄 2022년 09월 29일)
발 행 인	박영일
책 임 편 집	이해욱
저 자	SD경제경영연구소
편 집 진 행	김은영
표지디자인	조혜령
편집디자인	김예슬 · 채현주
발 행 처	(주)시대고시기획
출 판 등 록	제10-1521호
주 소	서울시 마포구 큰우물로 75 [도화동 538 성지 B/D] 9F
전 화	1600-3600
팩 스	02-701-8823
홈 페 이 지	www.sdedu.co.kr

I S B N	979-11-383-5256-7 (53320)
정 가	18,000원

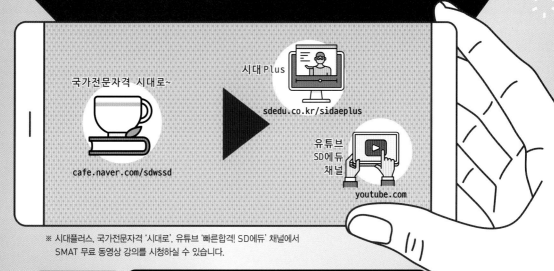

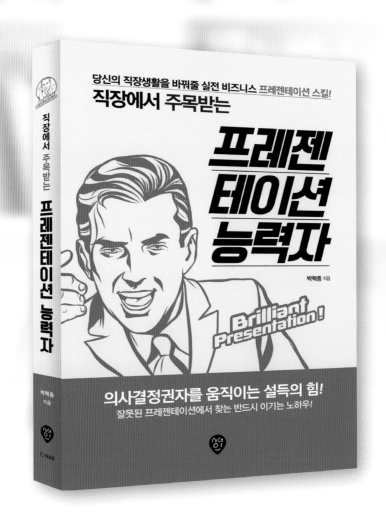

메타버스 시대, 생존을 위한 투자전략!

투자와 NFT 렌즈로 바라보는 메타버스 세상

그래서, 메타버스가 도대체 뭔데?

그래서, 메타버스가 도대체 뭔데? | 정가 19,000원 | 336쪽

나는 이렇게 합격했다

당신의 합격 스토리를 들려주세요
추첨을 통해 선물을 드립니다

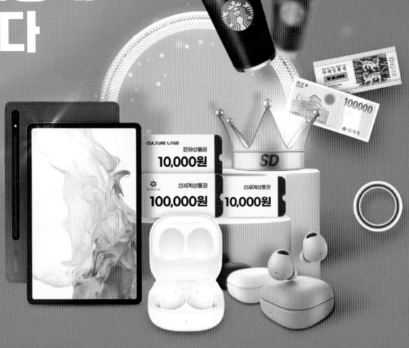

베스트 리뷰
갤럭시탭 / 버즈 2

상/하반기 추천 리뷰
상품권 / 스벅커피

인터뷰 참여
백화점 상품권

이벤트 참여방법

합격수기

SD에듀와 함께한 도서 or 강의 **선택** > 나만의 합격 노하우 정성껏 **작성** > 상반기/하반기 추첨을 통해 선물 증정

인터뷰

SD에듀와 함께한 강의 **선택** > 합격증명서 or 자격증 사본 **첨부**, 간단한 **소개 작성** > 인터뷰 완료 후 백화점 상품권 증정

이벤트 참여방법
다음합격의 주인공은 바로 여러분입니다!

QR코드 스캔하고 ▷ ▷ ▷ ▶
이벤트 참여하여 푸짐한 경품받자!

합격의 공식